KB073903

세계에서
빈곤을 없애는
30가지 방법

SEKAI KARA MAZUSHISA O NAKUSU 30 NO HOHO

Edited by TANAKA Yuu, KASHIDA Hideki, MAEKITA Miyako

Copyright ⓒ 2006 TANAKA Yuu, KASHIDA Hideki, MAEKITA Miyako
Illustrations ⓒ 2006 HIRASAWA Mariko
All rights reserved.

Originally published in Japan by GODO SHUPPAN LTD., Tokyo.

Korean translation copyright ⓒ ALMA Publishing Corp.,2007
Korean translation rights arranged with
GODO SHUPPAN LTD., Japan
through THE SAKAI AGENCY and ERIC YANG AGENCY.

세계에서
빈곤을 없애는
30가지 방법

다나카 유 · 가시다 히데키 · 마에키타미야코 엮음

이상술 옮김

차례

1부 · 내버려 둘 수 없는 빈곤

~~~~~~

2부 · 눈에 보이지 않는 진실

~~~~~~

일러두기

1. 외화를 원화로 고쳐 표기할 때, 달러는 1달러당 약 1000원으로,
   엔화는 1엔당 약 800원으로 셈하였다.
2. 엮은이 주는 *, **······로 표시하고, 옮긴이 주는 1, 2, 3······로 표시하였다.

1부

~~~~~

내버려 둘 수
없는 빈곤

01
아프리카 어린이들의
노동으로 만든 초콜릿

어린이 노예선 사건

여섯 살 난 코피라는 아이가 가나의 카카오 농장에서 일하는 모습을 텔레비전에서 보았다. 〈세계가 만일 100명의 마을이라면 4〉(2006년 6월 3일, 후지텔레비전)라는 프로그램이었다. 새벽 5시에 일어나 강에서 물을 길어 오고, 10미터가 넘는 카카오나무에 올라가 열매를 따는 위험한 일이었다. 손도끼로 열매를 가르고 카카오 씨를 빼낸다. 열심히 일하지 않으면 '앉았다 일어나기 40분'이라는 벌을 받아야 한다. 식사는 하루에 두 번. 밤에는 딱딱한 침대에서 다른 아이들과 뒤엉킨 채 잠이 든다.

코피의 유일한 즐거움은 같은 농장에서 일하는 열한 살 난 형과 공부하는 것이다. 코피는 학교에 다니고 싶다. 코피의 형은 말한다. "나는 평생 여기에서 일해야만 해요. 그렇지만 동생은 꼭 학교에 보내 주고 싶어요."

카카오를 손으로 따서 손도끼로 빼낸 씨를 발효시켜 햇볕에 말린다. 여기까지가 코피의 일이다. 잘 마른 카카오 씨는 공장으로 옮겨져 카카오매스가 되고, 여기에 카카오버터, 설탕, 우유 들을 첨가해 초콜릿을 만든다. 하지만 코피와 코피의 형은 카카오가 초콜릿이 된다는 사실을 전혀 알지 못한다.

이런 일은 코피에게만 일어나는 것이 아니다. 인권 문제 해결을 위해 노력하는 세계적 규모의 단체인 '국제앰네스티'•에 따르면, 25만 명이 넘는 서아프리카 지역의 아이들이 카카오 농장에서 일한다. 코피와 같은 아이들의 임금에 대한 구체적인 언급은 없지만, 아이들을 대상으로 한 노예노동이 존재한다는 사실은 이미 널리 알려져 있다.

2001년, 100명이 넘는 아이들을 태운 에티레노 호가 아프리카 베냉 항에서 출발했다. 그러나 출항 뒤 한동안 소식이 끊겼다가 다시 항구로 돌아온 배에는 23명의 아이들밖에 없었다. 이 사건을 보도한 요미우리 신문(2001년 4월 24일자)에 따르면, "그 배에는 대농장으로 팔려 가는 아이들이 많게는 250명까지 타고 있었다". 이 사실은 베냉공화국 정부에 의해 확인되었다고 한다. 무슨 일이 있

• Amnesty International. 세계인권선언을 바탕으로 권력을 이용해 인권을 침해하거나 반체제 인사들을 투옥 및 고문하는 일들을 고발하고, 정치범의 석방과 고문·사형 폐지 들을 위해 활동하는 국제기구. 1961년에 창설되어 현재 150여 나라에 80여 지부와 220만이 넘는 회원이 있다.

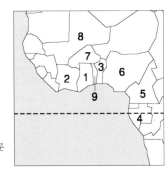

1 가나 2 코트디부아르 3 베냉 4 가봉 5 카메룬
6 나이지리아 7 부르키나파소 8 마리 9 토고

었는지는 지금까지도 밝혀지지 않았지만, 에티레노 호가 현대판
노예선이라는 사실은 분명하다. 아이들은 가봉에서 인신매매꾼에
게 팔려 코트디부아르의 카카오 농장으로 끌려가던 중이었다.

　서아프리카에서 인신매매는 드문 일이 아니다. 인신매매꾼은
가난한 부모에게 15달러(약 15,000원)를 주고 아이들을 사서 대농
장에 판다. '국제노동기구ILO'의 인터넷 사이트에는 '국제열대농
업연구소'가 카메룬, 코트디부아르, 가나, 나이지리아 4개국 약
1,500군데 농장을 조사한 결과가 실려 있다.

　"몇 십만이나 되는 아이들이 카카오 농장에서 위험한 일을 한
다. (……) 거의가 부르키나파소, 마리, 토고 같은 가난한 나라에서
온 아이들이다. 부모는 아이가 일을 해서 집에 생활비를 보내 줄
것이라 기대하고 아이를 판다. 그러나 한번 집을 떠나온 아이는 노
예나 다름없는 상황에서 일하게 된다. 코트디부아르만 해도 1만
2,000명에 가까운 아이들이 그곳에 친척이 없는 것을 보면 노예
로 팔려 왔음을 알 수 있다. 아이들은 아침 6시부터 12시간 넘게

일하고 늘 피곤에 절어 있다."

공정무역 초콜릿을 먹자

코피가 일하는 농장은 왜 아이들을 마음대로 부려 먹는 것일까? 카카오는 아프리카 국가들에게는 선진국에 수출할 수 있는 몇 안 되는 상품작물 가운데 하나다. 따라서 가격 경쟁도 매우 심하다. 카카오를 사 모으는 중간업자는 농장 주인에게 싸게 사들여 선진국의 초콜릿 제조 회사에 판다. 농장 주인은 중간업자에게 카카오를 싼값에 팔아도 이익이 남을 수 있도록 재배 비용을 가능한 한 줄이려고 한다. 그래서 아이들을 노예처럼 혹사하는 것이다. 일본에서는 100엔(약 800원)만 내면 초콜릿을 살 수 있지만, 그 뒤에는 아프리카 아이들의 노동이 있다.

'이 초콜릿은 아동노동이 벌어지는 카카오 농장에서 만들어진 것이 아닙니다.'라고 보증하는 '공정무역● 초콜릿'이 일본에도 수입되어 팔린다. 하나에 250엔(약 2000원). 아직 종류는 그리 많지 않지만, 소비자인 우리가 공정무역 초콜릿을 더 많이 선택한다면 종류도 양도 더 늘어날 것이다.●●

● 페어트레이드fairtrade라고도 한다. 개발도상국의 생산자들이 만든 물건을 정당한 가격으로 거래해 구조적 빈곤을 해결하고 환경, 노동 기준에 맞는 제품의 생산을 촉진하는 운동. 1980년대 영국에서 시작되었으며, 한국에서는 두레생협연합, YMCA, 아름다운재단 들에서 공정무역 제품을 판매하고 있다. 이 책 26장 참조.

●● 한국에는 공정무역 초콜릿이 한 가지 제품만 수입되고 있다. 값은 57g짜리가 5,000원 남짓으로 비싼 편이다.

갈퀴로 카카오 씨를 고르는 소년.
코트디부아르.

아프리카 카카오 농장의 아동노동 실태에 관심이 높아진 미국
에서는 아동노동이 없는 농장에 대한 인증 제도가 만들어져 제3
자인 대학에 공적 인증기관을 설치하는 움직임이 일고 있다고 한
다. 또 2002년에는 '아동노동철폐국제계획IPEC'과 여러 나라의 정
부와 초콜릿 회사가 힘을 모아 '국제카카오이니셔티브ICI'를 만들
어 주로 서아프리카의 카카오 농장에서 벌어지는 아동노동을 완
전히 없애기 위해 활동하고 있다. 일본의 초콜릿 회사들이 만든
'일본초콜릿카카오협회'도 여기에 소속되어 있다.

초콜릿 회사에 이메일을 보내자

초콜릿 소비량 세계 5위인 일본.* 앞에서 말한 세계의 노력에
힘을 보태 '인증'된 카카오 농장에서 재배한 카카오로 초콜릿을

● 한국은 1인당 초콜릿 소비량이 0.9킬로그램 정도로 일본의 절반 수준이다.(2007년 2월 10
일, 한국경제)

만들거나 공정무역 초콜릿을 더 많이 수입할 수는 없을까. 국제앰네스티 일본 홈페이지에서는 아동노동을 완전히 없애기 위해 적극적으로 행동하길 요구하는 이메일과 편지를 일본의 초콜릿 회사에 보내는 운동을 펼치고 있다.

나 또한 각 회사의 초콜릿 포장지에 카카오 원산지가 표시되어 있는지를 확인하고 다음과 같은 이메일을 보낸 적이 있다.

"귀사의 초콜릿에 대해 문의드립니다. 귀사의 초콜릿에 쓰이는 카카오가 아이들에게 가혹한 노동을 시켜 수확한 것인지 아닌지 알고 계십니까? 만약 알지 못한다면 조사해 보지 않겠습니까? 또, 아이들에게 가혹한 노동을 시키지 않는 농장의 카카오로 초콜릿을 만들 방침은 있습니까? 마지막으로, 카카오 농장의 아동노동 문제에 대해 어떻게 생각하는지 말씀해 주십시오. 답장을 기다리겠습니다."

그러자 몇 군데 회사에서 곧 답장이 왔다. 자기네 회사는 아동노동에 반대하며 문제 해결을 위해 노력하고 있다는 답신이었다.

그래서 다시 "일본에서도 공정무역 초콜릿을 판매하기를 바랍니다."라는 이메일을 보냈다. 많은 사람이 그런 이메일을 보낸다면, 초콜릿 회사도 공정무역 초콜릿에 대한 수요가 있다고 판단해 실제로 공정무역 초콜릿을 만들지 않을까? 초콜릿 회사와 함께 이 문제를 생각해 볼 수 있지 않을까?

축구공 공장에서 일하는 인도와 파키스탄의 아이들을 위한 학교가 회사의 지원으로 운영되는 사례가 있다고 들었다. 초콜릿 농장의 아이들에게도 그런 일이 일어날 수 있지 않을까. 일본의 초콜릿 회사도 공정무역 초콜릿을 만들 수 있지 않을까. 그런 생각을 한 끝에 나는 '초코레보(초콜릿 레볼루션)'라는 단체를 찾아갔다. 공정무역 초콜릿을 구입하자는 운동을 벌이는 사람들이다. 어려운 일이 아니다. 누구나 지금 당장 할 수 있는 일이다.

스즈키 가즈에

02
컵라면에 든 팜유가
빈곤을 낳는다

열대림을 파괴하는 기름야자 플랜테이션

몇 달 전 지나갔을 때는 녹음이 우거진 열대림이었다. 그런데 이제는 나무들이 모조리 뿌리째 뽑혀 지평선이 훤히 바라다 보이고, 검붉은 대지가 햇빛을 받아 뜨겁게 달아오르고 있었다. 보통 일이 아니었다. 가까운 다른 원주민 마을들도 다음은 우리 차례라며 겁에 질려 있었다. 1992년 말레이시아 보르네오 섬의 사라왁 주에서 있었던 일이다. 그리고 귀국한 지 얼마 되지 않아, 이번에는 어떤 식물을 원료로 한 비누나 샴푸가 '환경 친화적'이라고 선전하는 광고를 보았다. 나는 분노를 느꼈다. 그도 그럴 것이, 언뜻 관계가 없어 보이는 두 사건(마을 파괴와 세제 광고)이 실은 하나의 식물 원료(팜유)를 중심으로 깊이 이어져 있으며, 그 생산지에서는 '환경 친화적이지 않은' 일들이 일어나기 때문이다.

2005년, 기름야자(오일팜) 열매에서 얻는 팜유가 콩기름을 제치고 식물성기름 가운데 세계 최대의 생산량을 자랑하게 되었다. 50%를 말레이시아가, 30%를 인도네시아가 생산한다. 더구나 그 양은 가파르게 성장하고 있다. 1965년에는 12만 톤에 지나지 않았던 말레이시아의 팜유 생산량은 현재 1,500만 톤에 이르렀고, 앞으로도 생산량을 더 늘리는 것으로 계획되어 있다. 그러나 열대림에 사는 원주민들은 이 계획이 두렵다. 팜유 생산량을 늘리는 것은 곧 지금 있는 열대림을 없애고 오직 기름야자 나무 한 가지만 심는 것을 뜻하기 때문이다.

기름야자 플랜테이션● 한 군데를 '개발'하는 데 적어도 3,000 헥타르나 되는 면적이 필요하다. 처음에 소개한 마을 일부에서는 이미 개발이 시작되고 있었다. 마을 주민인 셀란은 이렇게 말했다.

"어느 날 갑자기 불도저가 와서 우리의 숲을 짓밟아 버렸다. 정부와 회사는 '개발'이라고 부르지만 이것은 '파괴'일 뿐이다."

지금 사라왁 주에서는 플랜테이션 개발을 둘러싸고 많은 마을이 반대 의사를 밝히거나 법정투쟁을 벌이고 있다. 그런 가운데 1997년 잊을 수 없는 사건이 일어났다. 한 마을에서 개발 반대를 외치는 수백 명의 사람들에게 경찰이 총을 쏘아 사망자가 나온 것이다. 또 1999년에는 개발 회사에 고용된 폭력배들이 개발에 반

● 주로 열대 · 아열대 지역에서 많은 자본을 투입해 원주민이나 이주노동자 들의 값싼 노동력을 이용하여 단일작물을 경작하는 대규모 농장을 말한다. 단일작물 재배로 인한 환경 파괴와 노동 착취 등의 문제를 안고 있다.

세계에서 빈곤을 없애는 30가지 방법

대하는 주민들을 총으로 위협하고 난투극을 벌여 거꾸로 폭력배 4명이 죽은 사건이 있었다. 23명의 주민들이 체포되었고, 그 가운데 22명은 정당방위가 인정되어 풀려났지만, 귀와 눈이 좋지 않아 사정을 제대로 설명할 수 없었던 80대 노인 1명은 유죄를 선고받아 지금도 독방에 갇혀 있다. 개발은 이렇게 평화로운 마을을 파괴하면서 이루어지고 있는 것이다.

맨몸으로 農藥을 다루는 일꾼들

같은 말레이시아의 말레이반도로 눈을 돌려 보자. 본격적인 개발이 시작된 지 채 10년이 되지 않은 사라와 주와는 달리, 이미 100년 가까운 플랜테이션의 역사가 있는 말레이반도에서는 또 다른 문제가 일어나고 있다.

어느 기름야자 플랜테이션에서 여성 노동자가 양동이를 들고 걸어가는 것을 보았다. 양동이에는 농약이 가득 차 있었지만 뚜껑은 덮여 있지 않았다. 그 여성은 농약을 커다란 주사기로 빨아올려 전동 드릴로 뚫은 나무 구멍에 주입했다. 기름야자 잎을 갉아 먹는 해충을 죽이기 위해서였다. 방독마스크나 고무장갑도 없는데 위험하지 않으냐고 묻는 나에게 그 지역 NGO*는 이 플랜테이션에 사는 스물두 살의 청년을 소개해 주었다. 그는 서 있을 수는 있지

---

* Non-Governmental Organization. 비정부기구. 인권, 환경, 빈곤 문제 들의 해결을 위해 노력하는 민간 조직. 국가와 맥락에 따라 다양한 의미를 가지는 용어로, 한국에서는 대개 '시민 단체'와 같은 뜻으로 쓰인다. 39쪽 옮긴이 주 참조.

기름야자 묘목을 심은 플랜테이션(항공사진).

만 걸을 수가 없었다. 몇 년 전 단 5일 동안 농약 주입 작업을 했을 뿐인데 그런 몸이 되어 버린 것이다. 그는 회사 측이 농약이 위험하다는 사실을 알려 주지 않았으며 방독마스크 같은 것도 전혀 주지 않았다고 분노를 터뜨렸다.

말레이시아에서는 많은 나라가 사용을 금지한 위험한 농약이 지금도 사용된다. 농약을 뿌리는 것은 큰 힘이 들지 않아 주로 여성이 많이 하는 작업이다. 그 여성들에게서 손톱 변형, 코피, 기관지염, 유산 들의 증상이 많이 보고된다. 작업하다 넘어지는 바람에 등에 지고 있던 농약을 뒤집어써 앞을 못 보게 되거나 죽은 경우도 있다. 한 말레이시아 변호사가 여성 노동자 50명을 조사한 결과 건강에 이상이 없는 사람은 단 2명뿐이었다는 보고도 있다.

학교에 갈 수 없는 아이들

플랜테이션에서 벌어지는 아동노동 문제도 지나칠 수 없다. 어느 플랜테이션에서 40대 아버지가 기다란 손잡이가 달린 낫으로 기름야자 열매를 따고 있었다. 30킬로그램 정도 되는 야자 송이가

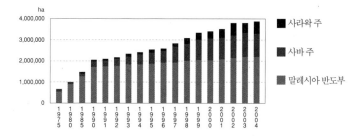

말레이시아 기름야자 플랜테이션의 면적 변화
1990년대부터 말레이시아 사라와과 사바 주의 플랜테이션 면적 증가가 두드러짐을 알 수 있다.
(출처: 말레이시아팜오일위원회)

땅에 떨어지면 지름 4센티미터 정도의 열매들이 바닥에 흩어진다. 그러면 여섯 살과 아홉 살 난 딸 둘이 달려와 손으로 열매들을 쓸어 모은다. 두 딸은 학교에 가 본 적이 없다. 열 살 난 아들도 마찬가지다. 하지만 그 아이는 밝게 말한다. "영어 선생님이 되고 싶어요."라고.

자기 이름조차 쓸 줄 모르는 그 아이들은 앞으로도 계속 플랜테이션에서 일하며 살아갈 것이다. 그리고 그들의 아이들 또한 같은 길을 걸을 것이다. 실제로 그런 역사가 100년 동안 되풀이되어 왔다. 말레이시아에는 그런 아이들이 1만 명이 넘는다. 마을의 식당 종업원으로 들어가면 한 달에 300링깃(약 81,000원) 정도 받는데, 플랜테이션 노동자가 받는 돈도 대부분 그와 비슷하다. 그러나 식당 종업원과 다른 것은, 아이들이 학교에 가지 못하고 온 가족이 일해야 겨우 그만한 돈을 벌 수 있다는 점이다.

식물성기름이 환경 친화적이다?

팜유가 세계 제일의 생산량을 달성할 수 있게 된 데는 몇 가지 이유가 있다. 먼저 그 쓰임새가 넓다는 점을 들 수 있다.

일본에서 팜유가 대량으로 소비되기 시작한 것은 1970년대 컵라면이 등장하면서이다. 현재 수입되는 팜유는 한 해 약 50만 톤에 이른다. 그 가운데 90% 남짓이 마가린이나 튀김용 기름 또는 초콜릿, 아이스크림 등 가공식품 전반에 쓰인다. 나머지 10%는 비누, 합성세제 등 공업 부문에 이용된다. 팜유는 이미 우리 생활 구석구석까지 침투한 것이다.

모든 식물성기름 가운데 팜유가 가장 싸다는 점도 생산이 늘어나는 이유 가운데 하나다. 그러나 그 싼값의 비밀이 플랜테이션의 저임금 노동이라는 사실은 이미 알고 있는 바와 같다.

2006년, 기름야자 플랜테이션의 전경을 화면 가득 비추면서 '환경 친화적'인 이미지를 강조한 세제 광고가 있었다. 생각해 보자. 무엇이 '환경 친화적'이란 말일까. 분해가 잘되는 식물성기름을 사용한 세제가 수질환경에 친화적인 것은 사실이겠지만, 그것은 어디까지나 우리 주위에만 해당되는 이야기다. 생산지의 문제까지 눈을 돌려 보면, 그 세제와 팜유가 '환경 친화적'이라고 하기는 어렵다.

우리가 할 수 있는 일은 없을까? 아직까지 누구도 이렇다 할 해결책을 내놓지 못한 것이 사실이다. 하지만 해결의 방향이 있다면 아마 다음과 같은 노력을 확대해 나가는 데 있을 것이다.

- 수입하지 않고 직접 생산할 수 있는 기름, 예를 들어 쌀기름이나 유채기름, 참기름 들의 사용을 늘린다.
- 세제보다는 비누를 사용한다. 또는 자작농이 재배한 코코야자에서 얻은 기름으로 만든 세제를 사 쓴다.
- 환경과 인권을 생각하는 플랜테이션에서 생산된 팜유만을 쓰는 기업을 찾는다.

우리 생활 구석구석에 걸쳐 있는 팜유 문제는 쉽게 해결할 수 있는 것이 아니다. 하지만 여러 가지 팜유 제품과 마주칠 때마다, 적어도 그 배경에 있는 플랜테이션 노동자와 그 가족 그리고 원주민들을 생각했으면 한다. 앞으로도 '개발'은 세계 여러 곳에서 계속 진행될 것이기 때문이다.

가시다 히데키

03
사무용지가
숲을 파괴한다

먹을 게 없어지다

몇 천 가지 식물이 어울려 사는 파푸아뉴기니의 풍요로운 열대림을 지나는데, 갑자기 한 가지 나무만 가득한 숲이 나타났다. 자동차로 10분, 20분을 가도 끝이 보이지 않았다. 하나같이 커다란 나무들에 동물 울음소리조차 들리지 않는 고요한 숲이었다.

"4, 5년 전까지만 해도 이 숲에는 귀여운 동물과 화려한 색깔의 새들이 살았습니다. 그런데 지금은 한 마리도 없어요. 외국 기업이 숲을 베고 종이로 만들 나무만 심었습니다. 우리는 숲을 빼앗겼고, 기업으로부터 어떤 혜택도 받지 못했습니다. 우리는 그저 가난해질 뿐입니다."

안내하던 현지인이 말했다. 그 숲에 심은 것은 유칼립투스였다. 유칼립투스는 코알라가 사는 나무로 유명하지만, 성장이 무척 빨

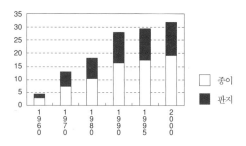

35
30
25
20
15
10
5
0

1960　1970　1980　1990　1995　2000

□ 종이

■ 판지

세계 제지 산업의 추이
(녹색상품구매네트워크 http://www.gpn.jp/index.htm)

라 종이 원료로 쓰기에 좋기 때문에 세계 곳곳에서 유칼립투스를 심고 있다. 흔히 볼 수 있는 값싼 사무용지를 만들기 위한 파푸아 뉴기니의 조림造林 사업에는 일본계 기업도 관여하고 있다.

과거에는 열대 지방의 목재는 합판용, 냉한대 지방의 목재는 제지용으로 용도가 나뉘어 있었다. 그러나 1980년 무렵 태국에서 시작된 유칼립투스 조림 사업을 계기로 열대 목재가 종이에 쓰이기 시작했다. 자급자족하던 태국 동북부 이산 지역의 농민들은 정부의 장려책에 따라 식량과 건축 재료를 얻던 숲을 베어 내고 유칼립투스를 심었다. 그러나 유칼립투스가 자라면서 주민의 생활은 변하기 시작했다.

먼저 토양이 아주 건조해지기 시작했다. 이전에는 3미터만 파면 물이 나오던 우물도 10미터 가까이 파야 했다. 또 유칼립투스 숲 가까이에 있던 바나나, 감자, 사탕수수도 거의 자라지 않았다. 유칼립투스는 성장이 빠른 대신 많은 물과 영양을 흡수하며, 유칼리 기름은 흙을 건조시켜 이로운 균들을 죽여 버리기 때문이다.

1985년 태국 정부는 국토의 25%를 경제림으로 지정해 민간 부문에 개방하는 계획을 발표한다. '동북태국녹화계획'이라 이름 붙은 이 계획에 따라 민간 펄프 제지 공장이 이산 지역에서 유칼립투스 조림 사업을 벌였고, 그 결과 숲에 사는 수십만 또는 수백만의 사람들이 강제로 쫓겨났다.

주민들을 내쫓는 조림 사업

1990년대 들어 태국 곳곳에서 유칼립투스 조림 사업 반대 운동이 일어났다. 유칼립투스를 베어 버리려는 주민들을 진압하기 위해 군대가 출동하는 일까지 벌어지기도 했다. 태국 정부에게 유칼립투스는 중요한 외화 획득원이기 때문이다. 이 동북태국녹화계획을 지원한 것이 '동북태국조림보급계획'이라는 일본의 정부개발원조ODA●였다는 사실은 기억해 둘 필요가 있다.

지금 제지용 조림이 큰 문제인 곳이 인도네시아다. 인도네시아의 펄프 생산은 1990년대부터 가파르게 성장해 2003년에는 생산량이 세계 9위에 이르렀다. 최대 생산 업체는 수마트라 섬에 있는 APP 사와 RAPP 사(에이프릴그룹APRIL GROUP)로, 성장이 빠른 아

● Official Development Assistance. 선진국에서 개발도상국이나 국제기관에 증여, 차관, 배상, 기술 원조 들의 형태로 원조하는 것. 특히 일본의 원조는 차관이 대부분이어서 많은 비판을 받고 있다(이 책 10장 참조). 한편, 한국의 국민총소득 대비 정부개발원조 수준은 0.14%로 선진국의 3분의 1 수준에 지나지 않아 경제 규모에 비해 크게 미흡하다는 지적이 있다.

카시아를 심으면서 주민의 동의를 얻지 않은 채 천연림을 모두 베어 버려 커다란 갈등을 낳고 있다.

환경오염 또한 심각하다. 나 자신이 종이의 도시인 홋카이도 도마코마이苫小牧 시 출신이어서 잘 안다. 예전에 도마코마이 시가 그랬던 것처럼 수마트라 섬은 펄프 산업이 빠르게 성장하면서 공장 폐수로 강이 오염되어 물고기가 자취를 감추었다. 강물을 생활용수로 사용하는 주민들은 피부병에 걸리고, 매연으로 호흡기 계통의 질병도 많이 나타나고 있다.

사무용지가 숲을 삼킨다

일본의 사무용지 수입량은 1996년에 2만 6,000톤이었던 것이 2004년에는 39만 7,000톤으로 늘어났다. 이것은 일본 안에서 필요한 양의 30%다. 그 가운데 80%가 인도네시아에서 수입된다. '페이퍼원Paper One' '에이프릴April 복사용지' '페이퍼엑셀프로 PAPERE XCEL PRO' '페이퍼와이드프로PAPER WIDE PRO' 들의 상표명으로 팔린다.

일본인은 과연 종이를 얼마나 소비할까? 골판지 같은 판지를 빼면 일본이 생산하는 종이는 1,879만 톤으로 세계에서 두 번째로 많다. 그 가운데 포스터나 카탈로그, 책이나 노트 같은 인쇄용지가 61%(복사용지는 9%), 신문지가 20%, 화장지 같은 위생용지가 9%를 차지하는데, 그 원료가 되는 목재 칩의 수입량은 세계 무역량의 70%에 이를 정도다.

사라져 가는 뉴브리튼 섬의 숲.

1990년대 들어 폭발적으로 보급된 사무용지, 화장지와 종이 타월, 원하지 않아도 날아오는 두툼한 광고 잡지가 종이 사용량을 늘리는 주된 요인이다. 일본인 1명당 한 해 종이 사용량은 세계 평균의 약 5배나 되는 243킬로그램으로, 이는 1960년보다 6배 늘어난 양이다. 우리가 종이를 많이 사용할수록 세계 각지에서 유칼립투스 숲이 점점 늘어나는 것이다.

말레이시아 보르네오 섬의 사라왁 주에서는 1980년대 후반부터 지나친 상업적 벌채로, 또 1990년대부터는 기름야자 플랜테이션의 확대로 인해 심각한 환경 파괴와 인권침해가 벌어지고 있다(18쪽 참조). 2000년을 전후해서는 여기에 제지용 목재 플랜테이션에 의한 피해가 더해졌다.

원주민 마을인 RN촌에서는 몇 천 헥타르에 달하는 유칼립투스와 기름야자 플랜테이션 계획이 발표되자 1999년 주민들이 주 정부와 기업에 소송을 걸었다. 수십 명의 주민들은 "야생동물과 물고기, 과일과 건축 재료를 주는 숲은 우리의 생명이며, 숲을 지키는 것은 우리의 사명입니다."라고 호소하며 몇 번이나 버스를 빌리고 숙박비를 마련해 주도州都인 쿠칭까지 가서 법정투쟁을 벌였다. 그리고 2001년, 기적과도 같은 판결이 내려졌다. 주민들이 소송에 이겨 법원이 기업의 철수를 명령한 것이다. 하지만 4년 뒤인 2005년의 항소심에서는 다시 주민들이 지고 말았다. 주민들은 싸움을 포기하지 않았지만, 사라와 주에서는 그 뒤로도 기업에 의한 조림이 계속 계획되고 있다. 일본계 기업도 거기에 참여하고 있다.

세계에 피해를 주지 않는 물건 사기

5장에서 자세하게 설명할 테지만, 일본에서는 폐지 재활용이 이루어지지 않아 폐지 대부분이 개발도상국으로 수출된다. 그런데 이 때문에 개발도상국에서 쓰레기를 모아 생계를 꾸려 가는 사람들이나 제지 산업에 일하는 사람들이 피해를 입는다. 말하자면 우리는 나무를 생산하는 단계에서 환경오염과 인권침해를 일으킬 뿐 아니라, 종이를 쓰고 폐기하는 단계에서도 세계에 피해를 주고 있는 것이다.

그렇다면 어떻게 해야 할까. 우리가 할 수 있는 일은 크게 세 가지다.

• 환경 파괴와 인권침해를 일으키며 만든 제품은 사지 않는다. 국산품이든 수입품이든 싸다는 이유만으로 사지 않는다. 환경 파괴 제품이 눈에 띄면 고객상담실에 연락한다. 실제로 이온그룹이 페이퍼원의 판매를 멈추고 재생지로 바꾼 사례가 있다.

• 환경이나 인권을 생각해서 만든 제품을 산다. 일본의 인공림에서 얻은 목재나 솎아내기한 나무로 만든 제품, 수입품이라도 환경과 인권을 배려해서 만든 제품을 구입한다. 세계적인 인증 마크인 'FSC'•로 확인할 수 있다. 재생지 구입도 한 가지 방법이다.

• 물건을 낭비하지 않는다. 일회용 종이 식기나 종이 타월의 사용을 줄이고 종이 제품의 재활용을 늘린다. 광고 우편물은 뜯지 않고 붉은 글씨로 '수취 거부'라고 써 우체통에 넣는다. 택배일 경우는 보낸 곳에 직접 전화를 한다. 이것만으로도 한 해 수십 킬로그램의 종이 낭비를 막을 수 있다.

가시다 히데키

• 국제 NGO 단체인 '산림관리협의회(Forest Stewardship Council)'에서 부여하는 인증 마크. 환경을 배려하고 사회에 기여하며 경제적으로 지속성을 갖는 산림 경영을 이끌어 내기 위해 1993년 설립되었다. 한국에서는 홍천, 인제, 양양, 평창, 울진, 보은 등의 국유림이 FSC 인증을 받았다. 목제 관련 산업체 가운데서는 무림페이퍼가 처음 획득했다. 최근 FSC 인증이 없으면 수출에 타격을 받을 수 있어 많은 업체가 인증을 준비하고 있다.

04
고양이 사료가
아시아 바다를 말린다

태국산 고양이 사료

내가 기르던 고양이는 입이 아주 고급이었다. 밥 남은 것에 된장국을 부어 주면 입에 대지도 않고, 깡통에 담긴 고양이 사료밖에 먹지 않았다. 고양이 사료만 먹여 기르던 동생에게 받은 것이었으니, 어릴 때부터 입맛이 까다로워졌던 것이다.

고양이 사료를 사면서 고양이 사료에도 정말 여러 가지가 있다는 사실에 놀랐다. 참치, 오징어, 새우, 전갱이, 문어, 계란, 닭 가슴살, 가자미……. 다른 고양이도 그렇지만 언제나 무난하게 먹는 것은 참치였다.

고양이 사료의 라벨을 보고 알게 된 사실이 있다. 그것은 생산지가 태국인 경우가 많다는 것이다. 이상하다고 생각했다. 참치나 새우 등 일본인이 먹는 수산물이 대부분 수입산이니 고양이 사료

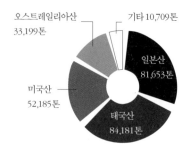

오스트레일리아산
33,199톤

기타 10,709톤

일본산
81,653톤

미국산
52,185톤

태국산
84,181톤

고양이 사료의 원산지별 유통량(2004년)
펫푸드공업회의 자료를 토대로 만듦.

가 외국산인 것도 이상한 일은 아니다. 하지만 태국을 비롯해 아시아 많은 나라의 고양이는 3, 40년 전 일본에서 그랬던 것처럼 사람이 먹다 남긴 밥을 먹는다. 그런데 지금 아시아 여러 나라에서는 일본의 입맛 까다로운 고양이를 위해 엄청난 석유 에너지를 들여 참치를 잡고, 귀중한 맹그로브 숲을 베어 내고 새우 양식장을 만든다. 그런 현실을 마주하면 마뜩잖은 기분이 든다.

일본은 세계 제일의 수산물 수입국이다. 2004년에 수입한 수산물은 총 349만 톤(2005년 334만 톤)이다. 이 가운데 가장 많은 것이 가다랑어, 참치 들로 34만 톤(2005년 37만 톤), 이어 새우가 25만 톤(2005년 24만 톤)이다.(농림수산성 국제부 국제정책과 자료)

여기에 일본 내 생산량을 더하면 참치는 세계 소비량의 거의 30%, 새우는 10% 이상을 일본이 소비한다. 물론 이것은 인간이 먹는 양만 계산한 것으로, 고양이 사료는 포함되어 있지 않다. 그렇다면 고양이 사료는 얼마나 수입될까? 2004년의 총수입량은 18만 톤으로, 절반가량인 8만 4,000톤이 태국에서 수입되었다. 덧붙여 일본 안에서 생산되는 양은 8만 2,000톤이다.(펫푸드공업회와 농

세계에서 빈곤을 없애는 30가지 방법

림수산성 생산국 축산부 축산진흥과 자료)

이처럼 일본인을 위해 엄청난 양의 수산물이 아시아 각국에서 생산되지만, 그 생산 현장에서는 지역 주민의 생활을 위협하는 여러 가지 일이 벌어지고 있다.

새우를 잡을 수 없게 된 까닭

현지에서 무슨 일이 벌어지는지 살펴보자. 《새우와 일본인》(이와나미신서)의 저자인 조치上智 대학 무라이 요시노리村井吉敬 교수는 주요 수출국인 인도네시아에서 직접 새우잡이 배에 타 현장을 취재했다. 그 배는 저인망을 사용해 새우를 잡는데, 그물에 걸리는 것은 해초, 잔물고기, 오징어, 문어가 대부분이며 새우는 20분의 1에 지나지 않는다. 그러나 새우가 가장 비싸기 때문에 어부는 새우 말고는 모두 그 자리에서 바다에 버린다.

또한 이 '저인망 어업'은 바다 속의 어패류를 몽땅 잡아 올리는 방식이기 때문에 작은 배에서 그물을 던져 새우나 물고기를 잡아 온 가난한 어민들은 거의 물고기를 잡지 못하게 되었다. 어쩔 수 없이 생활고에 시달리게 된다. 물론 새우를 비싸게 사들이는 나라 가운데 하나가 일본이다.

맹그로브 숲과 참치가 사라지고 있다

새우 양식도 활발하게 이루어진다. 동남아시아 여러 나라에서는 민물과 바닷물이 만나는 습지에 있는 맹그로브 숲을 베어 내고 새우 양식장을 만든다. 그런데 좁은 늪지에서 많은 새우를 기르기 위해 사료와 항생물질을 대량으로 뿌리기 때문에 양식장이 오래 가지 않는다. 그래서 다시 새로운 맹그로브 숲을 베고 양식장을 만드는 일이 반복된다.

이렇게 해서 태국에서는 200만 헥타르였던 맹그로브 숲이 20년 만에 절반으로 줄어들었다. 맹그로브 숲의 파괴는 예전에 그곳에서 새우나 물고기를 필요한 만큼만 잡아서 살아가던 사람들의 생활에도 타격을 주었다.

수입량과 일본 내 생산량을 합해 전 세계 참치의 3분의 1인 79만 톤을 소비하는 일본이 세계 각지에서 남획을 불러일으킨다는 비난이 거세지고 있다. 예를 들어 남방참다랑어는 세계 어획량의 90%를 일본이 소비하는데, '남방참다랑어보존위원회CCSBT' 연례 회의(2005년)에서 어획 할당량을 훨씬 넘어서는 양의 남방참다랑어가 일본에서 유통되고 있을 가능성이 오스트레일리아에 의해 제기된 바 있다. 일본 어선의 남방참다랑어 남획을 문제 삼은 것이다. 또한 대만이나 중국의 어선이 어획량이 제한된 해역에서 참치를 남획해 원산지를 거짓으로 꾸며 일본에 수출하는 사례도 보고되었다.

태평양 해역의 대형 어류를 조사한 캐나다 달하우지Dalhousie 대학의 마이어스 교수는 "대형 어류의 남획이 바다 생태계에 변화를 일으켰다."고 지적한다. 지난 50년 동안 참치의 수가 크게 줄고 평균 체중도 절반 아래로 떨어졌다는 것이다.

변화한 것은 바다 생태계와 참치의 체중만이 아니다. 피해는 인간 사회에까지 미치고 있다. 15년 전 조치 대학 학생들이 쓴《아시아를 먹는 일본의 고양이》(나시노키샤)라는 책이 출간되었다. 그 책은 고양이 사료의 원료인 참치가 어떻게 잡히고 가공되어 일본에 이르는지를 세밀하게 추적했다.

그에 따르면, 참치를 먹는 관습이 없는 인도네시아의 항구에는 인도네시아 배보다 훨씬 많은 200척이나 되는 대만 참치 어선이 상주해 있다고 한다. 또 인도네시아 사람들은 본래 반덴이라는 물고기를 즐겨 먹었는데, 참치잡이가 성행하면서 반덴이 시장에서 자취를 감춰 가격이 배로 뛰었다고 한다. 반덴이라는 물고기가 참치의 미끼로 쓰이기 때문이다.

이처럼 생태계와 인간의 생활을 희생하면서 생산되는 새우나 참치는 일본인을 위해 많은 양이 냉동 수송되고, 일본의 고양이를 위해서 태국의 공장으로 보내져 통조림으로 가공된다. 일본인과 일본 고양이의 배를 채우기 위한 어업이 이대로 계속된다면 새우도 참치도, 맹그로브 숲도 머지않아 사라지고 말 것이다.

해양관리협의회의 로고.

바다를 파괴하지 않고 잡은 물고기를 먹자

어떻게 해야 할까? 예를 들어 '세계자연보호기금WWF'이 설립에 관여한 '해양관리협의회MSC'에서는 자원 보호, 생태계 보호 규정을 지키면서 이루어지는 어업을 '인증'하는 일을 한다. 해양자원을 파괴하지 않는 어업을 인증하고 그를 통해 생산되는 어류에 해양관리협의회의 로고를 표시하는 것이다. 그 로고가 붙은 물고기를 사는 소비자는 바다 생태계 보호에 힘을 보탤 수 있는 셈이다.

참치에는 아직 인증제가 도입되지 않았지만, 현재 세계적으로 명태, 새우, 연어 등 18개 어업에 'MSC 인증 어업' 제도가 시행되고 있다. 머지않아 일본에서도 참치회나 고양이 사료에서 그 로고를 볼 수 있을지도 모른다. 물론 가장 손쉬운 방법은 고양이에게 옛날처럼 밥만 먹어도 충분하다는 사실을 가르치는 것이겠지만.

가시다 히데키

05
구호품이 지역 경제에
혼란을 부른다

구호품을 파는 난민들

예전에 일본 NPO[●]의 일원으로 아프리카 동부 소말리아의 난민 수용소에서 2년 동안 활동한 적이 있다. 거기에서 가끔 이상한 일을 겪었다. 마을 시장에 물건을 사러 가면 한 달에 한두 번, 어느 날 갑자기 물가가 이상하게 싸지는 것이다. "오늘은 싸요!" 하는 점원의 말에 값을 물어 보니 10%나 20% 정도가 아니라 반값에 가까운 것이 아닌가. 더구나 밀가루나 식물성기름, 설탕처럼 생활에 필수적인 것일수록 더 그랬다.

● Non-Profit Organization. 비영리민간단체. 정부나 기업으로부터 독립해 시민들 스스로 사회의 공익을 위해 활동하는 조직. 한국에서는 NGO와 NPO가 거의 같은 뜻으로 쓰이지만, 미국, 일본 들에서는 NGO는 국제연합과 관련된 국제기구를, NPO는 국내 민간단체를 가리키는 용어로 구분해 쓴다.

수수께끼의 답은 실은 간단했다. 난민 수용소에 사는 난민들은 국제기관 같은 곳에서 정기적으로 식료품을 배급 받는데, 꼭 필요한 양보다 많은 물건들은 모두 팔아 버리는 것이다. 난민들에게는 그것이 현금을 얻을 수 있는 얼마 안 되는 기회이기 때문이다.

그 얼마 뒤에는 도시 상인들의 트럭 수십 대가 난민 수용소 앞에 서는 것을 보았다. 난민들은 식료품 배급을 받자마자 상인들에게 팔기 위해 트럭 앞에 줄지어 섰다. 원가가 들지 않으니 아무리 싸게 팔아도 난민들에게는 이익인 것이다.

선의의 담요가 지역 경제를 무너뜨린다

식료품 배급은 국제기관이나 국제 NGO의 책임 아래 이루어지지만, 그것을 받치는 것은 일반 시민의 선의다. 국제기관이나 국제 NGO만을 문제 삼을 수는 없다.

예를 들어 1984년 무렵 일본에서 시민의 손으로 아프리카 난민에게 담요를 보내 주자는 '담요100만장운동'이 시작되었다. 당시 난민에 대한 매체 보도 또한 활발해 금세 100만 장의 목표를 이루었다. 아프리카에서는 담요가 필수품이다. 아프리카는 기온 일교차가 커서, 밤에는 춥고 낮에는 덥다. 찌는 듯한 더위에 담요를 나뭇가지 따위에 걸치면 그늘을 만들 수 있다. 하지만 역시 구호품으로 받은 담요를 파는 사람도 있다. 일본의 담요는 질이 뛰어나다. 감촉도 좋고 바느질도 튼튼하고 디자인도 좋다. 그런 데다 원가도 들지 않으니 팔지 않을 까닭이 없는 것이다. 일본 시민들과 아이

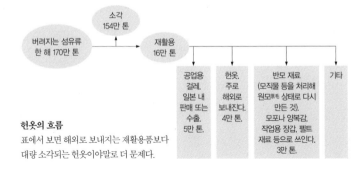

헌옷의 흐름
표에서 보면 해외로 보내지는 재활용품보다 대량 소각되는 헌옷이야말로 더 문제다.

들이 보낸 헌옷도 난민에게 전해지는 한편으로 적지 않은 양이 시장에 유통되었다. 이 때문에 피해를 보는 사람도 생긴다. 구호품과 같은 상품만을 파는 상인들의 물건이 상대적으로 비싸져 팔리지 않게 되는 것이다. 상인들 사이의 힘 관계에 따라 구호품을 사들이는 데 참가할 수 있는 사람과 그러지 않는 사람이 있게 마련이다. 참가할 수 없는 상인은 국제 원조에는 당할 수가 없다며 쓴웃음을 지을 뿐이다.

물론 일본인은 순수한 선의에서 담요와 헌옷을 보낸다. 하지만 쓰지 않는 물건으로 아프리카 사람을 돕겠다는, 아프리카 사람을 생각하는 것인지 아닌지 알 수 없는 우월감에서 비롯되는 자선은 현실에서 왜곡을 만들어 내고 만다.

30년쯤 전, 집 가까이에 고철이나 신문지, 헌옷 들을 취급하는 재활용업자가 있었다. 지난 잡지를 모아서 가져가면 중학생으로서는 괜찮은 용돈 벌이가 되었다. 그러나 1990년 무렵 그 집은 사라졌다.

1980년대 일본 경제가 거품으로 들끓으면서 갑자기 쓰레기가 늘어나고, 특히 전산용지 폐지가 엄청나게 늘어났다. 그러자 시민들 사이에 재활용 운동이 활발히 일어나 폐지, 알루미늄 깡통 들의 회수율이 높아졌다. 시민단체, 반상회, 아동회 들에서 열심히 쓰레기를 모아 지역의 재활용업자에게 팔았다. 그런데 이 재활용품이 폭락하는 때가 온다. 자원을 재활용하는 것보다 싼 처녀자원이 수입되자 재활용품 수요가 사라진 것이다. 재활용업자는 폐업하고, 남아 있는 재활용업자의 창고에도 폐지와 고철이 산더미처럼 쌓여 갔다. 그러나 창고를 유지하는 데는 돈이 들고, 재활용을 하면 할수록 손해가 늘어난다.

현재 재활용업자는 많은 양의 폐지를 아시아 각국(중국, 태국, 대만 들)에 수출한다. 그 양도 1991년에는 3,000톤에 지나지 않던 것이 2000년에는 37만 톤, 2005년에는 370만 톤으로 엄청나게 늘어났다. 일본 안의 재활용 체계가 완전히 무너진 것이다. 그러나 재활용업자로서는 조금이라도 적자를 줄이기 위해 어쩔 수 없는 일이었다.

문제는, 시민들의 선의에서 비롯된 지원 활동이 현지 경제에 혼란 요인으로 작용한다는 점이다. 재활용 체계가 무너진 뒤 내가 주목하는 것 가운데 하나가, 버려진 자전거를 모으고 수리해서 개발도상국의 가난한 사람들을 돕기 위해 아시아 각국에 수출하는 운동이다. 예전에는 자전거도 집 가까이의 재활용업자에게 가져갔지만, 지금은 쓰레기만 될 뿐이다. 따라서 버려진 자전거를 보내는

세계에서 빈곤을 없애는 30가지 방법

것은 재활용인 동시에 개발도상국 지원이기도 한 일석이조의 운동이라고 볼 수 있을지도 모른다.

본래 재활용이란 한정된 지역 안에서 이루어지는 자원의 순환을 뜻한다. 따라서 비싼 운송비를 들여서 버려진 자전거를 해외로 보내는 것을 재활용이라고 할 수 있는지 생각해 볼 수 있다. 무엇보다 자전거를 보내면 현지의 자전거 산업과 관련된 사람들 가운데 이익을 보는 사람과 피해를 보는 사람이 나누어지지 않을까 하는 점은 꼭 생각해 보아야 한다.

우리의 선의가 진정한 도움이 되려면

1992년, 필리핀의 수도 마닐라의 해안에서 쓰레기를 줍는 사람들을 찾아간 적이 있다. 파도를 타고 바닷가에 밀려와 1미터 가까이 쌓인 쓰레기 더미 속에서 그들은 돈이 되는 플라스틱이나 깡통, 폐지 들을 모으고 있었다. "여기서 기다리고 있으면 돈이 되는 것들이 많이 생겨요!" 하며 정말 열심히 일하고 있었다.

자원 모으기는 일본에서는 '재활용'이라는 선의의 행위지만, '스캐빈저scavenger'라고 불리는 그 사람들에게는 어디까지나 생계

필리핀 마닐라 바닷가에서 쓰레기
를 줍는 아이들.

가 걸린 일이다. 그런데 지금은 필리핀에도 일본의 폐지나 자전거
가 수출된다. 바닷가의 그 사람들은 어떻게 되었을까. 지금으로서
는 알 길이 없다.

값싼 자원이 수입되는 것은 일본뿐 아니라 선진국에 공통되는
현상이다. 그래서 선진국에서는 폐기물이 쌓여 처리에 어려움을
겪고, 선의를 가진 시민들은 지혜를 짜내 개발도상국으로 지원을
보낸다. 그 선의 자체는 훌륭하다. 다만 바라는 것은, 자신들이 물
건을 보낸 곳에서 무슨 일이 일어나는지까지 생각했으면 하는 것
이다. 거기에 있는 것은 웃는 아이들의 얼굴만이 아니다. 얼굴을
찌푸리는 상인들도 분명 있을 것이다.

개발 지원에서 배운 개인적인 견해를 말하자면, 개발도상국에
물건을 보내는 것은 긴급사태일 때나 현지에서 구하기 힘든 물건
일 경우 말고는 해서는 안 된다. 지금은 대부분의 나라에 오랫동
안 활동해 온 NGO가 있다. 만약 개발도상국 사람들이 깨끗한 옷
을 입게 해 주고 싶다면, 또 그들에게 자전거를 주고 싶다면, 물건
이 아니라 현지 NGO에 돈을 기부하는 것이 좋다. 못 쓰는 자전거

세계에서 빈곤을 없애는 30가지 방법

는 수리하고 헌옷은 세탁해서 벼룩시장에 팔고, 그 이익금을 믿을 수 있는 NPO에 사용처를 명시해서 기부하면 된다. 그러면 NGO는 개발도상국 현지에서 싼 가격으로 옷이나 자전거를 살 수 있다. 즉, 일본에서는 재활용이 이루어지고 현지에서는 자립경제가 성장하여 상인과 아이들이 함께 기뻐할 수 있으므로 진정한 의미에서 일석이조인 것이다.

선의는 자신을 행복하게 하지만, 잘못 전해지면 상대에게 상처를 준다. 그러지 않기 위해서는 우리의 지원이 어느 지역의 누구에게 전해지는지, 누군가에게 피해를 주지는 않는지 고민하는 것이 필요하다.

가시다 히데키

06
지역의 가능성을 살리는
원조가 필요하다

원조하는 나라를 위한 원조

지금까지 세계의 선진공업국은 빈곤을 없앤다는 대의명분 아래 많은 자금을 들여 개발도상국에 개발원조를 해 왔다. 그럼에도 세계의 빈부 격차는 점점 커지고 가난한 사람은 늘어만 간다. 개발원조가 대부분 '원조받는 나라'를 위한 것이 아니라 '원조하는 나라'를 위한 것이기 때문이다. 그러나 원조 사업이 없어지면 많은 원조 관계자들이 일자리를 잃고 원조에 관여하는 많은 기업들이 이익을 얻을 수 없다. 그래서 원조가 실패할 때마다 형식적인 반성에 그친 채 곧 새로운 원조 개념을 만들어 원조를 계속해 왔다.

대부분의 개발 사업은 현지에서 멀리 떨어진 국제기구 본부나 선진국의 수도에서 계획된다. 또한 원조 자금의 대부분은 원조 기관의 유지비와 인건비로 쓰이며, 나머지도 원조 대상국의 수도에 있는 사무소 유지비와 인건비로 쓰이거나 특권계급에 뇌물로 흘러 들어가 사업 자체에는 예산 전체의 아주 일부만 돌아간다.

더구나 지원 대상으로 선정되는 곳은 거의 개발도상국의 대도시에서 뻗어나가는 간선도로 가까이의 '적당히' 가난한 농촌이다. 원조에 관여하는 외국인이 우아한 생활을 누리면서 일할 수 있는 곳은 도시 지역밖에 없고, 비싼 차를 타고 가끔 현장에 가기에도 적당하고, 본국에서 사업 평가단이나 NGO 지원자가 방문할 때도 이동에 시간이 적게 걸리기 때문이다. 정말로 원조가 필요한, 도시에서 먼 가난한 지역에 지원의 손길이 미치는 일은 거의 없다.

이처럼 지원하는 쪽의 편의에 따라 개발원조가 이루어지기 때문에 결국 성과가 나지 않고, 지원 관계자는 오랫동안 원조 대상국에 눌러앉게 된다. 때문에 주민들은 스스로 자기 지역의 미래상을 그리고 실현을 위해 노력할 의욕을 잃어버리고, 누군가가 도와줄 것이라는 원조에 대한 의존심만을 키우게 된다.

일방적인 지원의 한계

NGO의 개발 사업은 자금을 제공하는 단체에 의해 방향이 좌우된다. 예를 들어 여성에 대한 지원에 자금이 집중되면 외국이나 현지의 NGO가 갑자기 여성 지원 사업을 시작하는 식이다. 네팔의 간선도로 가까이에 있는 '적당히' 가난한 마을에 활동을 희망하는 원조 단체가 몰려들어서는 여성들을 불러 모아 '문맹퇴치교실'이나 '가족계획교육' 같은 사업을 벌이는 것이다.

가난해서 일하느라 교육의 기회를 빼앗긴 여성들은 자신이 원래부터 가난하고 무지하다고 생각한다. 그들에게 먼저 글부터 가르쳐야 한다는 뜻에서 벌이는 문맹 퇴치 사업은 그 여성들의 자기 부정을 더욱 심화시킨다. 더구나 땔감 모으기나 물 긷기로 피곤해진 몸을 누일 시간을 빼앗겨 여성들의 부담은 더 늘어난다.

아무리 그 나라를 위해 원조 활동을 하더라도 외국인은 일단 재해나 분쟁이 일어나면 이웃 나라로 몸을 피하고, 임기가 끝나면 그 나라를 떠난다. 그런 외국인이 개발의 중심이 될 수는 없다. 그곳에서 태어나 평생을 살아가야 하는 사람들이 스스로 구상하고 행동하지 않으면 그 지역의 과제를 해결할 길은 없다. 우리가 할 수 있는 일은 그들 스스로 노력하도록 응원하는 것뿐이다.

'도와준다'는 생각은 오만하다

개발도상국 사람들은 무지하고 무력하지 않다. 오히려 우리가 개발도상국과 그 나라 사람들의 가능성에 무지한 것이다. 우연히 선진공업국에 태어나 자랐다는 턱없는 오만 때문에 그 무지를 깨닫지 못한다. 나아가 선진국이 겪은 개발이 지속 가능한 것인지 묻지 않은 채 개발도상국이 같은 과정을 밟게 하는 것이 곧 원조라고 착각한다.

도로, 병원, 발전소 등 선진공업국에는 있지만 개발도상국에는 없는 것을 들자면 끝이 없다. 개발원조는 이렇게 개발도상국에 없는 것을 찾아 그들에게 주려고 한다. 없는 것을 찾는 일은 간단하지

땔감을 지고 강을 건너는 여성들. 네팔 농업부에 따르면, 주요한 에너지원인 땔감의 78%를 여성들이, 6%를 소녀들이 모으고 있다.

만, 있는 것을 찾는 일은 어려울지도 모른다. 개발도상국에는 아무 것도 없는 것이 아니다. 우리가 그것을 보려고 하지 않을 뿐이다.

우리가 보기에 힘든 환경 속에서 가난하게만 살아가는 사람들은 그 지역에서 얻을 수 있는 재료를 써 집을 짓고 땔감이나 물 등 생활에 필요한 것을 갖추면서 삶을 이어 나간다. 그 지역에는 그곳에 사는 사람들을 먹여 살릴 만큼의 자원이 있으며, 또 사람들에게는 그 자원을 이용해 서로 도우며 살아갈 힘이 있기 때문이다.

읽고 쓰기는 할 수 없지만 그들은 어떤 작물을 어떻게 심어야 하는지, 숲에 가면 어디에 어떤 나무가 있고 어떻게 이용해야 하는지 누구보다 잘 안다. 그 지역에서 살아갈 힘을 가지고 있는 것이다. 진정한 원조는 바로 이미 그곳에 존재하는 지역과 주민의 힘을 살려 나가는 것이다.

지속 가능한 지역 모델

"이곳에는 아무것도 없다." 일본의 농민들도 예전에 그런 말을 들었고, 스스로도 그렇게 믿었다. 그러나 한번 지역 자원에 눈을

　　　　　　　세계에서 빈곤을 없애는 30가지 방법

연료 공급원인 삼림이 줄어든 지역에서는 가축의 분뇨를 연료로 사용한다. 가축의 분뇨와 짚을 섞어 대나무로 싸는 모습.

돌려 그것을 이용한 지역 만들기를 시작하고부터는 그런 말을 하는 사람은 사라졌다. 예를 들어 자연 에너지의 보급에 힘쓰는 지역에서는 그곳의 자원을 새로이 발견한 사람들이, 이곳은 일조시간이 길다, 바람이 강하게 분다, 눈이 많다, 삼림 면적이 넓다 등등 지역의 풍족함을 자랑스러워하기 시작했다.

야마가타山形 현 쇼나이마치庄內町 다치카와立川 지구 사람들은 누구나 불편하게만 여겼던 강풍과 음식 쓰레기에서 자원의 가능성을 찾았다. 다치카와 지구는 이제 음식 쓰레기로 만든 유기 퇴비를 이용해 안전하고 맛있는 쌀을 생산하고, 때때로 냉해나 화재를 일으키는 강풍을 풍력발전에 이용한다.

3년 전 냉해가 일어났을 때 쌀 수확은 줄었지만, 풍력발전은 그때껏 최고의 발전량을 기록했다. 이 경험은 사람들에게 대지와 바람을 함께 이용하면 냉해로 수입이 줄어든 만큼 전력 판매를 통해 채울 수 있다는 사실을 가르쳐 주었다. 강풍을 이용한 풍력발전을 안정 궤도에 올린 사람들은 지역에 있는 다른 자원에 관심을 가졌고 새로운 도전에 망설이지 않는 용기도 얻었다.

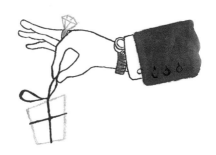

　다치카와 지구는 식료품과 에너지의 지산지소, 즉 지역의 생산물을 지역에서 소비하는 운동을 통해 지속 가능한 지역사회라는 미래상을 그려 가고 있다.

　개발도상국의 가난을 없애기 위해 필요한 것은 이처럼 그 지역과 그곳 사람들이 가진 가능성에 눈을 돌리고, 그 힘을 이끌어 내어 함께 새로운 미래를 만들어 가는 것이다. 그러기 위해서는 먼저 우리 스스로 개발도상국에는 아무것도 없고 가난한 사람들은 무력하다는 오만한 착각에서 벗어나야만 한다.

사토 유미

Column 1

자기 숲을 베기 싫어
남의 숲을 벤다?

"일본에도 숲이 있지 않습니까!" 몇 년 전 보르네오 섬 사라왁 주에서 온 원주민이 크게 놀라며 말했다. 그가 사는 마을 가까이의 열대림에는 벌채업자들이 들어와 주민들의 필사적인 반대에도 소중한 숲을 가차 없이 베어 냈다. 반대 운동의 지도자들은 경찰에 체포되었다. 그곳 사라왁에서 베어 낸 나무의 30% 이상은 일본으로 수출된다.

그는 일본의 목재업계와 정부에 벌채를 멈춰 달라고 호소하기 위해 일본에 왔다가 곳곳에 있는 초록색 숲을 보고 충격을 받은 것이다. 이렇게 숲이 많은데도 왜 사라왁에서 나무를 수입하는가 하고 말이다. 나는 부끄러웠다.

대답을 하자면, 사라왁의 숲이 '싸기 때문'이라는 것이 이유의 전부다. 일본은 같은 이유로 미국, 캐나다, 러시아, 파푸아뉴기니, 인도네시아 등 세계 곳곳에서 나무를 수입한다. 그 양은 2000년을 기준으로 원목의 경우는 세계 총무역량의 14%, 목재 가공품은 8%, 목재 칩은 69%로 엄청나다. 과거에는 필리핀의 산을 온통 벌거숭이로 만들어 세계의 비난을 받기도 했다.

세계의 삼림은 해마다 1,250만 헥타르씩 줄어들고 있다. 1분에 24헥타르(서울월드컵경기장의 약 4배)라는 무시무시한 속도다. 하지만 이 속도를 늦출 방법은 있다. 우리의 숲에서 나는 나무를 쓰는 것이다. 조금 비싸면 어떤가. 세계의 누군가에게 고통을 주는 일에 가담하지 않을 수 있다는 것이 중요하다.

나무만이 아니다. 현재 일본이 수입하는 상품 가운데에는 일본에서 생산할 수 있는 것이 수없이 많다. 예를 들면 콩(98%를 수입)이 그렇다. 국산 콩을 사용하면 콩밭을 만들기 위해 파괴되는 브라질의 삼림을 구할 수 있다. 새우도 마찬가지다. 국산 새우를 먹으면 새우 양식장을 만들기 위해 사라지는 아시아의 맹그로브 숲을 구할 수 있다. 태양열이나 바람 같은 자연 에너지를 이용하면 석유 의존도가 줄어들어 석유 이권을 둘러싼 전쟁도 사라질지 모른다.

일본은 결코 자원이 없는 나라가 아니다. 다만 값싼 외국의 자원을 많이 사용하기 때문에 여러 가지 문제를 일으키는 것이다. 내 자그마한 꿈은 사라왁의 원주민이 다시 일본에 왔을 때, 일본의 숲에서 얻은 나무를 활용하는 사람들을 소개하는 것이다.

가시다 히데키

2부

~~~~~

눈에 보이지 않는 진실

07

자원 때문에 친구에게
총을 겨누는 사람들

부건빌 섬의 타니스

제임스 타니스는 예전에 군인이었다. 그를 만난 것은 피스보트
Peace Boat●에서였다. 새까만 피부에 작고 귀여운 눈, 체구는 크지
않지만 단단해 보이는 인상이었다. 마흔다섯 살인 그는 파푸아뉴
기니에서 동쪽으로 조금 떨어진 부건빌 섬에 산다. 인구가 30만밖
에 되지 않는 이 작은 섬은 1998년까지 10년 동안 섬 주민들끼리
서로 전쟁을 벌였다. 1만 명 넘게 서로 죽고 죽인 병사들은 친구이
거나 때로는 친척이기도 했다.

● 평화와 인권 증진, 환경 보호 들을 목적으로 1983년에 설립된 일본의 NGO. 피스보트는
'평화를 실어 나르는 배'라는 뜻이다. 한 해 두 번, 석 달 동안 유람선에 전 세계 시민들을 태우고
세계를 돌며 토론하고 강연을 듣고, 분쟁 지역이나 환경문제가 있는 지역 들에서는 현장 집회
에 참여하기도 한다.

부건빌 섬은 지리적으로나 문화적으로 솔로몬제도에 속한다. 하지만 섬에 묻힌 금과 다이아몬드 때문에 영국 연방 파푸아뉴기니의 지배 아래 놓였다. 영국에 본사를 둔 세계 최대의 광산 회사 '리오틴토징크'의 자회사는 부건빌 섬의 광산을 개발해 구리를 수출한다면서 실제로는 금과 다이아몬드를 수출했다. 파푸아뉴기니 외화 수입의 60% 이상, 국가 재정의 20%가 그곳에서 나왔다. 하지만 광산 개발은 환경을 파괴하고 물과 땅, 바다를 오염시켰다. 피해를 입은 주민들이 땅을 돌려 달라고 요구하자, 광산 회사와 파푸아뉴기니 군대가 철저한 탄압에 나섰다. 이 일은 결국 내전으로 커졌다. 실제로 서로 싸운 것은 섬 주민들이지만, 이것은 광산 회사, 영국, 파푸아뉴기니 때문에 벌어진 현지인의 대리전쟁이었다.

전쟁의 이면에 자원이 있다

전쟁과 내전은 세계 빈곤 문제의 커다란 원인이다. 하지만 그것은 흔히 말하는 민족 분쟁이나 종교전쟁 같은 것이 아니다. 예를 들어 아프리카 수단에서는 석유 이권을 둘러싸고 대리전쟁이 벌어지고 있다. 또 다른 곳 콩고. 여기서는 휴대전화나 컴퓨터에 쓰이지만 구하기 어려운 금속 탄탈tantal이 분쟁의 원인이 되었다. 과거 남아프리카공화국이 이웃 나미비아를 지배했던 것은 그곳에 우라늄이 묻혀 있기 때문이었다. 인도와 파키스탄이 카슈미르 지방을 놓고 싸우는 것은 그 땅에 있는 풍부한 수자원 때문이다. 이렇듯 분쟁의 이면에는 자원이 있는 것이다.

특히 석유는 세계 곳곳에서 전쟁과 내전, 탄압을 일으키는 주범이다. 여기에는 전 세계의 미래를 결정지을 정도로 중요한 '석유 정점(피크오일Peak Oil)' 문제가 있다.

유전에서 퍼올리는 석유는 마지막 한 방울까지 순조롭게 얻어지는 것이 아니다. 처음에는 채굴량이 늘어나지만 정점에 달하면 그다음부터는 점점 석유를 캘 수 없게 된다. 포물선 모양을 생각하면 된다. 하나하나의 유전뿐 아니라 세계 전체로 보아도 마찬가지다. 세계의 커다란 유전은 모두 찾아내 이미 채굴하고 있기 때문이다. 반면에 석유 소비량은 계속 늘어나고 있다. 따라서 세계의 석유 채굴량이 정점을 맞이하면 그 뒤로는 석유 생산량이 수요를 따라갈 수 없게 된다. 세계는 석유 위기를 맞이할 것이고, 유전을 지배하는 자는 엄청난 이익을 얻을 것이다. 과거에 알려진 것처럼 석유가 30년 안에 고갈되는 것이 문제가 아니라, 수요는 늘어나는데 생산량이 늘어나지 않는 것이 문제인 것이다.

중요한 것은 석유 생산량의 '정점'이다. 이것은 그리 먼 이야기가 아니다. 2010년 무렵이라는 추측이 일반적이다. '영원한 30년 후'가 아니었던 것이다. 이 문제와 현재의 세계 분쟁은 밀접하게 관련되어 있다. 인도네시아에서 독립한 지 얼마 되지 않은 동티모르에는 티모르갭이라는 유전이 있다. 인도네시아로부터 독립을 요구해 심한 탄압을 받고 있는 아체에는 천연가스 유전이 있다. 필리핀군과 미군에게 폭격을 당하고 있는 민다나오 섬에도 석유와 광물 자원이 잠들어 있다. 중국에서는 신장웨이우얼자치구의 독립운동이 탄압을 받고 있는데, 여기에도 거대한 유전이 있고 송유관이 지나간다. 그 밖에 중동 지역은 물론 아프리카와 남아메리카에서도 석유를 둘러싼 분쟁이 계속되고 있다.

빈곤을 낳는 세계의 분쟁은 민족이나 종교 문제보다는 이렇게 '자원'과 연결되어 있는 것이다. 따라서 분쟁 문제에 관심이 있다면 반드시 그 지역의 자원을 먼저 조사해 볼 필요가 있다.

자원을 빼앗지 말자

휴대전화는 우리 생활에 필요한 물건이고, 우리는 전기 없이는 살아갈 수 없다. 그렇다고 '분쟁은 어쩔 수 없다.'고 생각해서는 안 된다. 자원은 필요하지만, 그 때문에 분쟁으로 고통을 겪는 사람들을 못 본 체해서는 안 된다. 그 분쟁은 어쩌면 우리 욕망의 대리전쟁일 수도 있기 때문이다.

우리가 할 수 있는 일이 있다. 자원 소비량을 줄이고 재활용을 늘려야 한다. 가전제품을 살 때 에너지 절약 제품을 선택하면 에너지 소비를 줄일 수 있고, 자연 에너지로 전환할 수도 있다.

만약 자원 때문에 희생된 목숨이나 전쟁에 낭비되는 비용, 오염된 환경을 되살리는 데 드는 비용까지 포함하면 자원의 가격은 훨씬 비싼 것이 된다. 거기에 비해 자연 에너지는 사람을 죽이지도 않고 환경오염을 거의 일으키지 않기 때문에 훨씬 값이 싸다. 우리가 가격만으로 물건을 선택하지 않고 환경 비용이나 인건비가 포함된 가격으로 구매하게 된다면 정당한 가격의 시장이 생겨나는

것이다.

부건빌 섬의 타니스는 동료들이 '적'을 쏘는 것을 그만두게 했다. 그리고 상대편 병사에게 웃는 얼굴로 손을 흔들고 도망치기 시작했다. 타니스와 동료들은 도망치면서 그 자리에 낙서를 남겼다. '우리는 당신들을 사랑해요We Love You.' 이렇게 해서 드디어 대화의 장을 만들어 냈다. 그는 말했다. "무엇을 위한 전쟁인가. 진짜 적은 따로 있지 않은가."

마침내 타니스는 10년 동안 이어져 온 전쟁을 끝낼 수 있었다. 그는 위험한 협상장에서 여러 번 이렇게 말했다. "전쟁을 계속하려면 먼저 나를 이 총으로 쏘시오. 나는 이제 서로 죽이기를 그만두었소."

나는 타니스에게 물어 보았다. "어떻게 그렇게 할 수 있었나요?" 타니스는 대답했다. "나는 겁쟁이입니다. 전쟁에서 죽고 싶지 않았지요. 하지만 전쟁을 멈추게 하기 위해서라면 이 목숨도 아깝지는 않았습니다."

타니스의 동료 병사들 가운데 많은 사람이 그 뒤 전쟁 후유증을 못 이기고 스스로 목숨을 끊고 말았다. 타니스는 지금도 적이 습격해 오던 새벽까지 잠을 이루지 못한다. 그는 전쟁을 끝낼 수 있어서 기쁘다고 말했다. 그러나 웃고 있는 그의 눈에서는 눈물이 끝없이 흘러내렸다.

부건빌 섬에는 드디어 자치 정부가 세워지고 2015년에는 독립 투표가 이루어질 예정이다. 그러나 광산 회사는 지금도 철수하지 않았다. 정말로 독립할 수 있을지 섣불리 판단할 수 없는 상황이다. 타니스 다음은 우리 차례다. 타니스에게 고통을 안겨 준 원료를 사용한 제품을 사지 않고, 정당한 가격으로 제대로 생산된 제품만을 사자. 부건빌 섬이 독립할 때까지는 여러 가지 일이 남아 있을 것이다. 그러나 그때 큰 힘이 되는 것은 자원을 거의 사용하지 않는 타니스와 그의 동료들이 아니다. 자원을 사용하고 있는 우리다.

마에키타미야코

08
물은
돈벌이가 아니다

수자원량 계산에 속임수가 있다

첫 번째 질문. 일본은 물이 풍부한 나라 세계 10위 안에 들까? 정답은 '그렇지 않다.'이다. 10위에 한참 못 미친다.

인구 1인당 수자원량으로 보면 일본은 세계 평균의 절반밖에 되지 않는다. 분명 물이 풍족하지 않은 나라다. 그러나 여름 한때 물 부족을 겪는 일은 있어도 1년 내내 물이 부족해 불편을 느끼지는 않는다. 왜일까.

두 번째 질문. 일본에는 광천수를 많이 판다. 그렇다면 일본의 물 수입량은 도쿄 시민의 물 소비량보다 많을까 적을까? 정답은 '적다.'이다. 일본인 1명이 1년 동안 소비하는 물의 양으로 물 수입량을 나누면 겨우 461명이 마실 양밖에 되지 않는다. 분명 많은 양의 광천수를 수입할 텐데 왜 그만큼밖에 되지 않을까?

일본의 수자원량은 세계 평균의 절반밖에 되지 않는데도 물 때문에 불편함을 느끼는 일이 없다. 그러니 특별히 건조한 사막 지역을 빼면 물 때문에 일본보다 어려움을 겪는 사람들이 있다는 사실은 쉽게 상상하기 어렵다. 그러나 실제로 세계의 가난한 사람들은 깨끗한 물을 구하지 못해 죽어 가고 있다. 에이즈도 문제지만 '3초에 1명'씩 죽어 가는 가난한 아이들의 대부분은 깨끗하지 않은 물을 마셔서 생긴 설사 때문에 죽는다. 일본보다 수자원량이 많은 나라에서 왜 사람들이 물 부족으로 어려움을 겪는 것일까?

실은 수자원량의 계산에 속임수가 숨어 있다. 각국의 '1인당 수자원량'은 일시적으로 흘러가 버리는 홍수와 같은 물을 빼고 이용할 수 있는 물의 양을 계산해 그것을 인구수로 나눈 것이다. 그런데 이 계산은 한 번 사용한 물은 그대로 버리는 것으로 여긴다. 하지만 현실은 그렇지 않다. 논에서 이용한 물의 얼마는 강으로 돌아가고 수돗물 역시 하수도를 거쳐 강으로 돌아가며, 그것을 다시 하류에서 이용한다. 이렇게 두 번 이상 사용한 물은 모두 수자원량 계산에는 들어가지 않는다.

이런 계산 방식은 '제3회세계물포럼'(2003년 3월 교토)에서도 쓰였는데, 이 계산 자체가 하나의 속임수다. 즉, 물 이용을 모두 단 한 번만 이용하는 것으로 계산하기 때문에 당연히 물이 부족하다는 결론이 나오고, '따라서 댐이 필요하다.'는 식이 되는 것이다. 그러나 앞서 밝혔듯이 많은 양을 수입하는 것처럼 보이는 광천수도 일본인 1인당 물 소비량으로 나누면 겨우 461명이 마실 양에 지

각국의 1인당 수자원량

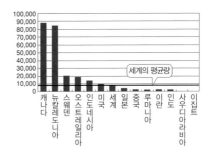

나지 않는다. 전체 물 소비량 가운데 마시는 물의 비율은 아주 낮기 때문이다. 일본의 가정에서 쓰는 물은 취사, 세탁, 목욕, 변기용이 각각 소비량의 4분의 1씩을 차지한다. 마시는 물은 1인당 하루 2리터가 고작이다. 여기에서 알 수 있는 것처럼 물 부족이 곧 마시는 물의 부족을 의미하지는 않는 것이다.

마찬가지로 전체 물 소비에서 가정이 차지하는 비율은 그리 높지 않다. 일본에서는 농업용수가 전체 물 소비의 3분의 2이고 공업용수와 생활용수가 나머지 3분의 1을 나누어 갖는다. 개발도상국은 공업이 발달하지 않았으므로 물 소비의 90% 가까이가 농업용수인 경우가 적지 않다. 그러나 전체 수자원량은 같으므로 농업에서 물 소비가 늘어나면 그만큼이, 공업이 발달하면 그만큼이 물 전체량에서 빠지는 것이다.

• 지난 2003년 '물의 해'를 맞아 국제연합이 발표한 '세계수자원평가보고서'에 따르면, 한국의 1인당 수자원량은 1471m³로 세계 180개 나라 가운데 146위다.

상품으로 형태를 바꾼 물

그렇다면 일본은 물을 많이 수입하지 않는 나라일까. 그렇지 않다. 일본은 8,913만 명이 쓸 수 있는 많은 양의 물을 수입한다. 그것도 물이 아닌 형태로 말이다. 예를 들어 쇠고기를 수입한다고 해보자. 소를 기르는 데는 곡물이 필요하고, 그 곡물을 기르기 위해서는 물이 필요하다. 따라서 쇠고기를 수입하는 것은 간접적으로 물을 수입하는 것과 같다. 쇠고기 100그램만 해도 2톤의 물을 수입하는 것과 같다. 이렇게 보면 일본은 물 수입 초과국인 것이다. 이것을 '가상의 물(버추얼 워터virtual water)'이라고 부른다.

가상의 물은 '물이 상품으로 형태를 바꾼 것'이라고 말할 수 있다. 기업은 물을 싸게 구할수록 경쟁력이 높은 상품을 만들 수 있다. 그래서 더 싼 물을 찾아 세계를 뒤지게 되는 것이다.

그런 점에서 '면綿'이라는 상품을 살펴볼 필요가 있다. 면화를 기르는 데 드는 물 때문에 과거 구소련에서는 아랄 해가 60%나 줄어든 적이 있다. 또한 면에 엽록소가 섞이면 품질이 떨어지기 때문에 수확 전에 잎을 말리려고 아랄 해 주변에서 엄청난 양의 고엽제, 농약, 화학비료를 뿌렸다. 그 때문에 토양은 오염되고 그곳에 사는 아이들이 죽기도 했다. 이 건조 과정을 생각하면, 사막과 같은 건조지대에서 충분한 양의 물을 인공으로 뿌려서 면화를 재배하면 물 공급을 멈추는 것만으로 잎을 말릴 수 있기 때문에 편리하다. 그런 까닭에 본래 농업이나 면화 재배에 전혀 맞지 않은 토지에, 마치 불에 달군 돌에 뿌리듯이 물을 들이부으며 면화를 기르고 있다.

세계에서 빈곤을 없애는 30가지 방법

브라질은 1990년대 중반부터 쇠고기 수입국에서 수출국이 되었으며, 소를 기르기 위한 곡물 생산에 많은 양의 물을 소비하고 있다.

세계의 물 분쟁은 이런 이익을 두고 벌어지고 있는 것이다. 코카콜라 사는 인도에서 코카콜라 1리터를 생산하기 위해 물 9리터를 썼다. 그 탓에 주변 지하수 수위가 지하 45미터에서 150미터로 낮아졌다. 주변 260개의 우물이 고갈되었고, 쌀의 수확량이 10%나 감소했다. 인도에서는 수도 자체가 민영화되었는데, 그 뒤 경영이 어렵다는 이유로 수도꼭지를 틀어도 물이 거의 나오지 않게 되었다. 급수차도 아주 드물게밖에 오지 않았다. 대신 광천수가 판매되었다. 더구나 광천수 품질 기준이 인도 회사에서는 만들 수 없는 높은 수준으로 정해져 인도 회사는 망하고 외국 회사만 남게 되었다.

광천수가 얼마나 비싼지 계산해 보자. 도쿄에서는 최근 '도쿄물'•이라는 고도로 정수 처리된 수돗물을 팔기 시작했는데, 이것은 보통 수돗물 값의 866배나 된다. 겨우 1리터의 '도쿄 물'을 살 돈이면 세 번 목욕할 수 있는 것이다. 그러나 '도쿄 물'은 그래도

• 도쿄의 수돗물을 홍보하기 위해 도쿄 23개 구에 물을 공급하는 가나마치金町 정수장의 물을 500ml 페트병에 담아 파는 것. 서울시도 '아리수'라는 이름으로 한강 정수장에서 고도 정수 처리된 수돗물을 마실 물로 선보였다.

싼 편이다. 광천수는 보통 수돗물보다 1,400배나 비싸다. 이런 광천수를 팔기 위해서 마실 물이 모자라는 일이 벌어지는 것이다.

물 공정무역

이렇게 된 것은 거대 자본이 물을 돈벌이로 이용하기 때문이다. 사람들로부터 안전한 물을 빼앗은 다음 광천수를 팔아먹는 것이다. 물은 돈벌이의 도구가 되어서는 안 된다. 물을 반복해서 쓸 수만 있다면 물 부족은 일어나지 않는다. 무엇보다 먼저 가상의 물 형태로 가난한 사람들의 물을 빼앗는 것을 멈추어야 한다. 그러기 위해서는 일본의 식량 자급률을 조금이라도 높여야 한다. 지산지소地産地消 운동을 확대하는 것이 곧 그들의 물을 빼앗지 않는 것으로 이어질 수 있다. 그들을 도우려는 생각을 하기 전에 먼저 그들에게서 물을 빼앗지 않으려는 노력이 필요하다. 빗물이나 지하수를 활용하려는 노력과 더불어 세계 곳곳에서 물 때문에 어려움을 겪는 사람들을 생각해 보는 것이 어떨까.

다나카 유

09

지역 시장에서
살길을 찾다

사탕수수만 심으면 무얼 먹고 사나?

'일본국제자원봉사센터JVC'는 지금부터 27년 전인 1980년 인도차이나 난민 지원을 계기로 시작되었다. 지금까지 캄보디아, 라오스 등 아시아 여러 나라와 에티오피아, 소말리아, 남아프리카공화국 등 아프리카 여러 나라, 그리고 아프가니스탄, 팔레스타인, 이라크 등 중동 여러 나라에서 다양한 지원 활동을 벌여 왔다. 여러 해 동안 쌓은 경험으로 알게 된 것은, '원조'는 한때 염증을 사라지게 하는 효과는 있지만 근본적인 치료는 되지 않는다는 사실이다. 중요한 것은 문제를 안고 있는 사람들 스스로가 자신의 상황을 바꾸려는 의지를 갖는 것이다. 그리고 우리가 해야 할 일은, 바깥으로부터 물건이나 최신 기술을 들여오는 것이 아니라 그들의 노력에 힘을 보태는 것이다.

지금부터 하려는 이야기는, 가난하다고 알려진 태국 동북부 지방에서 그 지역 농민들과 우리가 먹을거리를 위해 힘을 합친 사례다. 세계에서 빈곤을 없애기 위한 하나의 실마리를 여기에서 찾을 수 있을지도 모르겠다.

여기는 태국 동북부 지방 콘갠 주. 푸른 하늘 아래로 끝없이 넓게 펼쳐진 사탕수수밭에 기다랗고 가는 푸른 잎이 바람에 흔들려 시원한 소리를 낸다. 하지만 이렇게 넓은 땅에 사탕수수만 심으면 사람들은 과연 무엇을 먹고 살까?

그렇다. 그것이 문제다. 원래 이 땅에는 쌀과 여러 채소를 길렀다. 물론 농민들 자신이 먹기 위한 것이었다. 남는 것은 마을 시장에 팔기도 했다.

그런데 어느 날, 도시에서 누군가 와서 말했다. "그렇게 야채나 찔끔찔끔 심는 것보다는 사탕수수를 잔뜩 심는 게 훨씬 돈이 될 거야." "만약 사탕수수를 심을 거면 비료와 농약 살 돈을 빌려주지."

아이들의 옷과 학용품, 부모님 약값이 필요했던 농민들은 '그러면 나도 사탕수수를 한번 해 볼까?' 하고 너도나도 사탕수수를 심기 시작했다. 실은 사탕수수 재배를 권한 사람의 뒤에는 원료를 싸게 사서 이득을 보려는 거대 제당 회사가 있었다.

사탕수수 재배를 시작하고 처음 몇 년은 어렵지 않게 돈을 벌수 있었다. 사람들은 그 돈을 밑천으로 다시 비료와 농약을 사고 경작 면적을 넓혀 나갔다. 한 번에 많은 사탕수수를 실을 수 있도록 빚을 내어 커다란 트럭도 샀다. 그러나 5년쯤 지나자 밭에 변화가 일어났다. 오랫동안 화학비료를 쓴 탓에 땅이 단단해지고 사탕수수의 생장도 눈에 띄게 나빠진 것이다. 또 사탕수수를 기르는 사람이 많아졌기 때문에 값도 떨어졌다. 수입이 줄고, 비료와 트럭을 사기 위해 빌린 돈도 갚을 수 없게 되었다. 한번 빚이 연체되자 이자가 점점 늘어 갔다.

사탕수수를 심으면 심을수록 빚이 늘고, 마침내는 자기가 먹을 채소를 심을 땅마저 팔아야 하는 사람이 생겼다. 언뜻 풍요로워 보이는, 바람에 살랑거리는 푸른 잎이 사람들로부터 먹을거리를 빼앗고, 그 대신 커다란 빚을 안긴 것이다.

일본의 아침 장, 태국에서 활약

자신들의 생활을 바로잡기 위해서는 상품을 만들기 위한 농업이 아니라 먼저 자신들이 먹기 위한 농업이 필요하다는 사실을 깨달은 사람들이 있었다.

건조기가 긴 태국 동북부 지방에서는 무엇보다 물을 확보하는 것이 중요하다. 밭 한쪽에 저수지를 파고 빗물을 저장해 두면 채소를 기를 수 있다. 나고 자람이 빠른 것과 느린 것을 가려 심으면 1년 내내 채소를 먹을 수 있다. 저수지에 물고기를 기르면 단백질을 얻을 수도 있다. 또 밭에서 화학비료와 농약을 쓰지 않자 그만큼 현금 지출이 줄었고, 깨끗해진 강에서 다시 작은 물고기나 새우 들을 잡을 수 있게 되었다. 그러나 이와 같은 농업에도 문제가 있다.

아주머니들의 활기가 가득 찬 태국 동북부 콘깬 지방의 아침장.(JVC 제공)

가족이 먹을 만큼은 문제가 없지만, 그것만으로는 현금 수입을 얻을 수가 없다. 병원비나 학비가 필요할 때는 결국 빚을 지게 되는 것이다.

이런 고민을 품고 있던 태국의 젊은이를 일본의 농민 교류에 초청했다. 그는 일본의 아침 시장을 보고 "이거다!" 하고 감탄했다. 이만한 규모의 작은 시장이라면 적은 양의 야채도 얼마든지 팔 수 있다. 자신도 다른 주민에게 필요한 것을 살 수 있다. 따라서 돈이 마을 밖으로 빠져나가지 않고 안에서 돌게 된다. 결과적으로 마을 사람들의 손에 돈이 남을 수 있는 것이다.

이것이 계기가 되어 태국 동북부에서 '지역 시장' 프로젝트가 시작되었다. 태국의 농민이 농작물을 산다는 것은 이상한 이야기지만, 그만큼 '상품을 위한 농업' 때문에 예전에는 스스로 길렀던 채소를 돈을 주고 사서 생활하는 것이 당연한 일이 되었던 것이다.

마을 시장에서는 돗자리 한 장만 있으면 가게를 낼 수 있다. 자신이 기른 채소, 시내에서 잡은 조개나 작은 물고기, 산에서 캔 버섯도 좋다. 먹고 남는 것을 내다 팔면 되는 것이다. 자동차나 자전

거가 없는 사람도 그냥 손에 들고 갈 수 있다. 아주머니들이 중심
이 되어 활기찬 공간을 만들 수 있다. 아이들도 학교에 가기 전에
일을 도울 수 있다.

　마을 사람들 사이에 자연스럽게 몇 가지 규칙이 생겨났다. 마을
시장의 활력을 보고 외부 상인이 가게를 내는 일도 있다. 하지만
외부 상인이 늘어나면 마을 안에서 돈이 돌게 한다는 뜻이 사라
지고 만다. 그래서 마을 외부의 상인에게서는 물건을 사지 않는다
는 규칙이 정해졌다. 또 안전한 먹을거리를 위한 '유기농채소기르
기운동'도 시작되었다. 지금까지는 유기농 채소를 길러도 다 먹지
못하면 그냥 썩고 말 뿐이었지만, 시장에 내다 팔게 된 다음부터는
채소를 낭비하지 않고 현금 수입으로 연결시킬 수 있게 된 것이다.

　우리의 역할은 이러한 노력이 단순히 눈앞의 이익만을 위한 활
동이 되지 않도록 3년 뒤, 5년 뒤를 내다보는 계획을 생각하도록,
또한 소비자와 생산자가 서로 얼굴을 마주하는 장을 더욱 넓힐 수
있도록 노력하는 것이다. 유기농업을 실천하는 다른 지역의 농민

과 서로 지혜를 나누는 만남을 계획할 수도 있다. 예전에 식량난을 맞은 아프리카 사람들에게 세계 각지에서 식료품을 보내 왔다. 그러나 '공짜'로 배급된 물건이 시장에 흘러들어 값이 크게 떨어졌고 결국 그 지역의 농업은 파괴되고 말았다. 분명 '원조'는 강한 약이어서 잠깐 효과는 있지만, 그 부작용으로 사람들의 저항력을 약화시키기도 하는 것이다.

우리의 노력이 필요 없게 되다

지금도 세계의 여러 곳에는 먹을거리 때문에 어려움을 겪는 사람들이 있다. 필요한 것은 문제를 마주한 사람들이 자신들의 힘을 믿고 행동하는 일이다. 그 행동이 있고서야 비로소 밖에서 보내는 응원도 효과를 거둘 수 있다. 우리 NGO가 할 수 있는 것, 그리고 해야 하는 것은 그들에게 다가가 그들과 같은 시선으로 문제를 파악하고, 같은 문제의식을 가진 사람들을 서로 이어 주어 함께 해결책을 생각하는 것이다. 서로의 역할을 인정하지 않으면 좋은 관계를 쌓을 수 없다. 태국 동북부 농촌에서 시작된 아침 시장은 지금은 지역 사람들이 스스로 만든 운영위원회가 꾸려 가고 있다. 더이상 우리의 도움은 필요하지 않다. 그뿐 아니라 그들은 새로운 지역사회 만들기의 선구자로서 우리보다 한 발 앞서 나가기 시작했다. 이렇게 우리의 지원이 필요 없게 되는 것이야말로 진정한 원조가 아닐까.

시미즈 도시히로

세계에서 빈곤을 없애는 30가지 방법

10

차관이 가난한 나라의
돈을 빼앗고 있다

정말 그걸로 해결될 수 있을까

개발도상국의 빈곤 상황이 악화되어 많은 아이들이 고통 속에서 죽어 가고 있다. 이미 20년 전에 선진국들이 국내총생산GDP의 0.7%를 정부개발원조ODA로 지원할 것을 결의했지만, 목표를 이룬 것은 몇 나라가 되지 않는다. 일본은 미국 다음으로 많은 자금을 제공하고 있지만 국내총생산의 0.3%에 지나지 않는다. 그렇기 때문에 우선 일본의 정부개발원조를 늘려 개발도상국에 더 많은 자금을 지원해야 한다는 주장이 있다. 그러나 그것으로 문제가 해결될까?

아래 기사를 보자. '인도네시아 부통령, 일본의 정부개발원조 비판'이라는 제목의 외신에서 발췌한 것이다.

"일본을 방문 중인 유숩 칼라 인도네시아 부통령은 재일 인도네시아인들과 만난 자리에서 최대 원조국인 일본의 정부개발원조가 차관 공여에 편중되어 있어 일본의 이익이 더 크고 인도네시아에 이익이 되지 않으며, 차관은 지원이라 할 수 없다고 비판했다."

"대외 채무가 인도네시아에 큰 부담이 되어 일본은 2000년부터 차관 등의 상환을 연기해 주고 있다. 일본의 차관에 대한 NGO 차원의 비판은 자주 있어 왔지만 수뇌급에 의한 비판은 이례적인 것이다."

"일본이 실시한 세계 최대급의 정부개발원조 사업인 수마트라섬 아사한의 수력발전 및 알루미늄 정련 사업에 대해서도 부통령은, 과거에는 '금자탑'이라 일컬어졌지만 실제로는 채무 부담이 과중해 완전히 손해였다고 말했다."

이상하지 않은가. 인도네시아는 일본이 가장 많은 원조를 해 온 나라다. 지금까지 3조 엔(약 24조 원)이 넘는 돈을 지원했다. 그런데 왜 이런 비판을 받는 것일까. 이에 대해 정부개발원조를 검토하는 과정에서 나온 정부 쪽 인사의 말을 보자.

"일본의 차관이 증여가 아니라는 것만으로 저평가되는 상황에 위화감을 느낀다." "무상 지원만 바람직하고 인프라 정비는 바람직하지 않다는 시각은 일면적이다. 아프리카처럼 무상 지원이 오히려 자립을 저해한 예도 있다."

차관과 '빌려주기' 원조

아무래도 '차관借款'이 키워드인 듯하다. 차관은 돈이나 물건을

'빌려주는' 것이다. 원조라고 하면 아무런 대가 없이 주는 것이라고 생각하기 쉽지만 실제로는 그렇지 않다. 다른 선진국의 정부개발원조는 그런 증여가 중심이지만, 유독 일본의 정부개발원조는 절반 넘게 빌려주는 형식이다. 이것을 왜 원조라고 부르는가 하면, 이자가 싸기 때문이다. 일본 정부의 검토 위원은 '차관'에 대한 평가가 낮은 것에 '위화감'을 느끼고, '무상(즉 대가가 없는) 지원만이 바람직하다.'는 것은 '일면적이다.'고 반론한다. 인도네시아 부통령과 이 정부개발조 검토위원의 생각이 완전히 다른 것을 알 수 있다. 왜 이렇게까지 다른 것일까.

　선진국의 원조는 일반적으로 무상 원조가 중심이 된다. 이 정도로 '빌려주기 원조'가 많은 것은 일본만의 특징이다. 무상 원조를 하려면 세금을 써야 한다. 일본은 재정적으로 여유가 없기 때문에 '무상 지원'은 불가능하다. 그러나 무역 흑자국으로서 국제 공헌에 대한 요구를 무시할 수는 없으므로, 거기서 활용한 것이 국민의 저축이었다. 즉 우체국 저축, 연금, 간이보험을 자금원으로 하는

필리핀의 바나나는 일본에 수출하기 위해 생산된다. 자신들은 기아 상태에 있으면서 수출하는 것을 '기아수출'이라고 부른다. (촬영: 사쿠마 도모코佐久間智子)

원조이므로 무상으로 지원하지 못하고 '빌려주기 원조'가 되어 버리는 것이다. 그러나 빌린 나라는 문제가 크다. 국민이 얼마나 굶주리고 있건 간에 빌린 돈을 갚아야 하는 것이다.

빚을 갚기 위해서는 엔, 달러, 유로와 같은 힘센 외화가 필요하다. 그런 외화를 벌기 위해서는 수출할 수 있는 농산물을 생산하는 수밖에 없다. 국민이 먹기 위한 농작물을 심어서는 빚을 갚을 수 없다.

그 전까지 그 나라 사람들이 먹을 작물을 기르던 농지는 커피, 홍차, 면화나 콩 같은 수출할 수 있는 작물을 심는 밭으로 변해 버린다. 원래부터 부족했던 개발도상국의 식량은 '빌려주기 원조' 때문에 더욱 줄어들어 버리는 것이다.

굶어 죽는 사람이 있는 나라에서도 마찬가지다. 통계를 보면 놀랄 수밖에 없다. 굶주림에 허덕이는 나라가 원조로 받은 식량보다 더 많은 식량을 수출하는 것이다. 다시 말해 그 나라에서 생산된 것을 그 나라 사람들이 먹을 수 있다면 굶주림에 시달리지 않아도 되는 것이다.

세계에서 빈곤을 없애는 30가지 방법

이렇게 보면 인도네시아 부통령의 말이 더 이치에 맞다. 빚을 진 나라는 지금도 국가 예산의 절반을 빚을 갚는 데 써야 한다. 그 때문에 복지, 교육, 의료 같은 그 나라 국민의 기본적인 요구가 소홀히 다루어지고 있다.

누적 채무를 면제하는 방법은 없을까

차관이라는 형식만이 문제가 아니다. 무상 원조를 하더라도 목적은 일본 기업의 어업권이나 건설 이권을 얻기 위해서 또는 국제연합에서 표를 모으기 위해서이기 때문이다. 예를 들어 일본은 2005년에 중앙아메리카의 세인트크리스토퍼 네비스라는 나라에 6억 1,700만 엔의 무상 원조를 제공한 적이 있다. 이 원조는 실은 '국제포경위원회'에서 일본의 입장을 지지하는 것을 조건으로 한, 즉 '표 매수'를 위한 것이었다. 이 사실이 밝혀졌을 때 일본 정부도 부인하지 않았다.

이것이 원조일까. 실제로 어려움을 겪는 사람에게 전해지지 않는다면 원조가 아니다. 원조가 필요한 사람에게 필요한 도움을 주는 것이 아니라면, 그것은 결국 잘사는 사람들만을 더 잘살게 만드는 것이 될 뿐이다. 일본의 정부개발원조는 유상 원조가 많고 빌려주는 금액도 크다. 거액의 돈을 빌릴 능력이 있는 사람은 원조가 필요하지 않은 사람이다.

결국 일본의 정부개발원조는 지원을 필요로 하지 않는 곳에 지출되어 정말로 원조가 필요한 사람에게는 거의 도움이 되지 않는

일본에 대한 상환액이 원조액을 상회하는 나라(2004년)

	국가 또는 지역	원조액	상환액	계		국가 또는 지역	원조액	상환액	계
1	방글라데시	52.46	318.33	−265.35	25	자메이카	3.29	21.98	−18.70
2	예멘		14.25	−14.25	26	멕시코	37.17	43.15	−6.01
3	베냉		34.80	−34.80	27	태국	776.62	909.92	−133.30
4	가나	17.09	905.27	−888.18	28	알제리		2.70	−2.70
5	기니		8.67	−8.67	29	이집트	32.47	50.32	−17.87
6	말라위		19.53	−19.53	30	이란	7.47	19.31	−11.84
7	말리		72.38	−72.38	31	요르단	28.03	53.62	−25.59
8	모리타니		73.58	−73.58	32	사우디아라비아	1.57	6.51	−4.84
9	모잠비크		0.43	−0.43	33	시리아		48.95	−48.95
10	니제르	0.62	22.98	−22.36	34	터키	127.25	165.67	−38.41
11	세네갈		94.14	−91.14	35	보츠와나		4.17	−4.17
12	탄자니아		105.36	−105.36	36	가봉		0.10	−0.10
13	토고		1.69	−1.69	37	모리셔스		1.26	−1.26
14	우간다		57.79	−57.79	38	남아프리카공화국	0.87		−0.87
15	잠비아		7.54	−7.54	39	코스타리카	0.28	11.58	−11.30
16	볼리비아	1.01	494.72	−493.72	40	도미니카공화국	1.26		−1.26
17	니카라과		118.96	−118.96	41	에콰도르		19.83	−19.83
18	바누아투		0.10	−0.10	42	파나마		6.48	−6.48
19	아르헨티나		4.03	−4.03	43	파라과이	33.09	51.57	−18.48
20	칠레		46.52	−46.52	44	우루과이		1.79	−1.79
21	콜롬비아	3.73	19.23	−8.67	45	파푸아뉴기니		21.71	−21.71
22	인도네시아	452.52	902.49	−449.97	46	크로아티아		0.53	−0.53
23	인도	688.59	797.95	−109.37	47	유고슬라비아		0.29	−0.29
24	엘살바도르	6.23	10.38	−4.15	48	폴란드		10.70	−10.70

███████ 는 후발 개발도상국 / 단위: 100만 달러

일본의 원조는 다른 나라와는 달리 유상 원조가 많다. 최근 들어 원조를 줄였기 때문에 상대적으로 상환액이 더 많아졌다. 특히 가난한 나라에게 돈을 받기만 하는 상태를 원조라고 부를 수 있을까.

다. 일본 정부는 원조가 개발도상국에게 '여러모로 보탬이 되기 위한 것'이라고 하지만, 그렇게라도 말하지 않으면 정당화할 수

없을 정도로 편중된 원조가 되어 버린 것이다.

일본의 '빌려주기 원조'가 이어진 결과, 세계의 개발도상국 가운데 48개 나라가 일본에게 원조 받을 돈보다 갚아야 할 돈이 더 큰 상황에 처하게 되었다. 인도네시아도 그 가운데 하나다. 즉 일본의 원조가 오히려 그 나라로부터 돈을 '거두어들이는' 것이다. 더구나 그 가운데 18개 나라는 특히 가난한 나라(LLDC, 후발 개발도상국. 국제연합 총회의 정의로는 1인당 국내총생산이 100달러 미만인 나라)이다. 가난한 나라의 예산을 빼앗는 것이 과연 원조일까.

원조는 그것을 필요로 하는 사람들에게 전해지지 않으면 의미가 없다. 일본 정부에 요구해야 할 것은 원조를 늘리는 것이 아니라 원조를 보다 세밀화하고 소규모화하는 것이다. 덧붙여 지금까지 지원한 정부개발원조 자금을 계속해서 거두어들이는 것은 너무도 가혹한 일이다. 먼저 원조로 생겨난 개발도상국의 밀린 빚을 없애 나갈 필요가 있지 않을까.

다나카 유

11
개발원조가 주민들을
죽음으로 몰아간다

주민을 몰아낸 댐

"일본의 원조는 시간을 두고 벌어지는 대학살이다." 이것은 적도 바로 아래에 있는 인도네시아 수마트라 섬 중부에서 댐 건설 때문에 쫓겨난 주민에게서 들은 말이다. 발전, 홍수 방지, 관개 들을 목적으로 건설된 코토판잔 댐은 일본에서 빌린 약 312억 엔(약 2,496억 원)을 바탕으로 1997년 2월에 완공되어 가동을 시작했다. 수몰된 면적은 오사카 시의 절반이 넘으며, 10개 마을 1만 7,000명 이상이 마을에서 쫓겨났다.

쫓겨나는 대신 1세대당 집 지을 땅 0.1헥타르, 농사지을 땅 0.4헥타르, 수확할 수 있는 고무나무가 심어진 고무나무밭 2헥타르가 약속되었지만, 고무나무밭은 대부분 묘목조차 심지 않은 상태였다. 그때까지 자신의 고무나무밭으로 먹고살던 사람들은 이제 남의 밭에서 일하거나 돌을 깨어 팔거나 해서 살아가는 수밖에 없게 되었다. 이 지역은 옛날부터 '무거운 것은 함께 지고, 가벼운 것은 함께 나누어 든다.'는 속담대로 서로 도우며 살아왔지만, 그런 삶은 완전히 무너지고 말았다.

억지로 쫓겨나고 2년 남짓 지난 뒤, 쿠탈네히의 큰딸(15세)은 집을 나가 버렸다. 어느 날 옆 마을 사람이 딸에게서 전해 받았다는 돈을 들고 와서는, 딸이 도시에서 몸을 팔아 돈을 번다고 알려 주었다. 얼마 뒤, 딸이 돈을 가지고 집으로 돌아왔다. 쿠탈네히는 딸에게 어떻게 돈을 모았는지 물어볼 수 없었다. 다만 "네가 보내 준 돈으로 쌀을 샀다."고 말할 수밖에 없었다. "나는 울었습니다. 딸이 그렇게 번 돈으로 쌀을 샀으니까요. 하지만 어쩔 수 없었습니다."(구보 야스유키 편,《정부개발원조로 잠긴 마을 : 인도네시아 댐에 휘둘리는 사람들》, 코먼스, 2003)

마을의 강제 퇴거 상황에 대해 자키르만은 이렇게 말한다. "1992년 8월에 퇴거가 시작되었습니다. (……) 군인들은 1에서 3미터 간격으로 1명씩 서서 총을 들고 위협하듯 서 있었습니다. 군대에 둘러싸인 도로를, 마을 사람들은 트럭을 타고 이동했습니다. (……) 마치 강제로 끌려가는 것 같았습니다. 슬프고 무서운 광경이었습니다."(코토판잔댐피해자주민을지원하는모임, http://www.kotopan.jp/)

땅과 집을 빼앗기는 대가로 수력발전소 쪽이 주민들에게 준 보상금은 얼마 되지 않았고, 그 가운데 보상금조차 받지 못한 사람도

있었다. 보상금 교섭에 지쳐 버린 청년이 농약을 마시고 자살하는 비극도 있었다.

2002년 9월과 2003년 3월, 댐 건설에 의해 피해를 입은 사람들 8,396명이 원상회복(댐 철거)과 피해 배상을 요구하며 일본 정부를 상대로 도쿄 지방법원에 소송을 걸었다. 일본의 원조를 받은 나라의 주민이 일본 정부에 소송을 건 것은 일본의 정부개발원조 역사상 처음 있는 일이었다. 상대에게 도움이 되지 않을 뿐 아니라 심지어 그들의 생활을 파괴하고 더욱 가난한 상태로 몰아넣는 원조. 군대까지 동원한 강제 퇴거라는 인권침해를 불러온 원조. 이것이 과연 '사람을 살리기 위한 원조'일까.

분쟁으로 이어진 천연가스 개발원조

더 직접적으로 '사람을 죽이기 위한 원조'가 된 경우도 있다. 2004년 수마트라 앞바다의 지진해일로 최악의 피해를 입은 인도네시아 아체⁕는 인도네시아로부터 분리 독립을 추구하는 무장투쟁이 일어나 1970년대 중반부터 내전 상태에 있었다. 인도네시아

'일본의 정부개발원조가 우리의 생활을 빼앗았다!' 일본 정부에 소송을 건 코토 판잔 댐 피해 주민들.(도쿄 지방법원 앞, 2002년)

정부는 무장 게릴라를 토벌한다는 이유로 수만 명의 민간인을 학살, 유괴, 고문했다. 이 내전의 그림자에 일본의 원조가 있었다.

일본은 1974년 아체에 묻힌 천연가스를 개발하기 위해 318억 엔(약 2,544억 원)을 인도네시아에 원조했다. 에너지자원이 없는 일본은 당시 전 세계적인 석유 위기 속에서 석유를 대체할 에너지원으로서 아체의 천연가스에 주목했던 것이다.

앞에서 소개한 수마트라 섬의 댐 건설과 마찬가지로, 천연가스 개발은 사람들을 강제로 쫓아냈다. 또한 천연가스 채굴 현장과 정제 공장에서 나오는 폐수와 배기가스 때문에 사람들의 생활을 지탱해 줬던 바다와 강, 논과 양식장이 오염되었다. 공장에서 일하는 직원들에게는 다른 지역에 따로 좋은 주택이 주어져 사람들 사이의 격차가 커지게 되었다. 자신들의 땅에 있으면서도 구석으로 내몰려야 하는 데에 의문을 가진 사람들이 인도네시아로부터 독립

● 아체: 인도네시아 공화국 수마트라 섬 북단에 위치한다. 정식 명칭은 낭그루 아체 다루살람 Nanggröe Aceh Darussalam 주

세계에서 빈곤을 없애는 30가지 방법

을 호소하게 되었다. 일본이 정부개발원조를 제공하고 2년이 지난 1976년의 일이다.

인도네시아 정부는 일본의 원조와 자본을 지키기 위해 아체에 군대를 보냈다. 천연가스 정제 공장에도 군대가 머무르며 독립운동에 참여하거나 독립을 지지하는 것으로 의심되는 사람들을 공장 안에 지은 수용소로 끌고 갔다. 주민들은 수용소의 상황을 다음과 같이 말한다. "1990년 무렵, 이맘이 우리 눈앞에서 수용소로 끌려갔다. 그러나 이맘은 독립운동과는 아무런 관련도 없었다. 석 달 뒤 시체가 발견되었다. 입에서 머리 뒤로 총알이 관통해 있었다. 손목 윗부분의 살이 잘려 나가 뼈가 드러나 있고, 손톱은 모두 뽑혀 나가고, 팔은 꽁꽁 묶여 있었다." "사람이 맞는 소리나 비명을 지르는 소리를 들었다. 사람을 불태우는 광경을 보기도 했다."(사에키 나쓰코, 《아체의 목소리》, 코먼스, 2005)

천연가스 정제 공장은 군대에 막대한 경비비를 지불하고 병영과 숙소, 무선 들의 시설과 장비를 마련했으며, 살해한 시체를 파묻기 위한 중장비까지 빌려줬다. 일본의 국익을 위한 원조가 내전을 일으키고 사람들을 죽이는 데 쓰인 것이다. 지금도 아체의 천연가스 대부분은 일본에 수출되고 있다. 납세자로서도 소비자로서도, 우리는 모르는 사이에 인권침해에 가담하고 있는 것이다.

무기를 원조하는 일본

캄보디아에서는 일본이 무상으로 자금을 지원하는 국도 1호선

개보수 사업을 둘러싸고 2006년 7월 대규모 강제 퇴거가 강행되었다. 총과 전기봉, 최루가스로 무장한 수백 명의 전투경찰이 집을 부수고 주민들을 쫓아내다가 저항하는 주민을 발로 걷어차거나 전기봉으로 감전시키는 끔찍한 일이 벌어졌다.(메콩워치, http://www.mekongwatch.org/)

일본 정부는 정부개발원조의 원칙으로 환경과 개발의 양립, 군사적 사용 회피, 개발도상국의 민주화 촉진, 기본적 인권·자유 보장 상황에 대한 주의 들을 내세운다. 그러나 이 원칙은 지켜지고 있는 것일까.

2006년 6월, 일본 정부는 인도네시아 정부에 순시선 세 척을 주기로 결정했다. 중동에서 일본으로 석유를 실어 나르는 유조선의 항로 위에는, '일본의 생명선'이라고도 불리는 말라카 해협이 있는데 이곳을 해적과 해상 테러로부터 지킨다는 구실이었다. 일본의 정부개발원조를 통한 첫 무기 제공이 되는 이 원조는 정부개발원조 원칙뿐 아니라 외국에 대한 무기 수출을 사실상 금지하는 일본의 무기 수출 3원칙마저 유명무실하게 만드는 것이다. 이대로라면 일본의 원조는 점점 '사람을 죽이기 위한' 것이 되어 버릴지도 모른다. '원조'라는 말만 듣고서 현지 사람들의 생활을 개선하는 '좋은 일'이라고 생각해 버릴 것이 아니다. 진실이 무엇인지 알기 위해 정보를 모으고 스스로 생각해야 한다.

사에키 나쓰코

12

300개의 기업이
세계를 사유화하다

내가 국제연합을 그만둔 이유

'일본으로 돌아가자.' 그렇게 마음먹은 것은 파키스탄에서 본 어떤 장면 때문이었다. 국제연합에서 일하는 것은 중학교 때부터의 꿈이었다. 몇 번이나 시험에 떨어지면서도 포기하지 않고 계속해서 도전한 결과 마침내 국제연합 '식량농업기구FAO'에 채용되어 '주민참가및환경담당관'이라는 직책을 맡아 활동을 시작할 수 있었다. 파키스탄의 '농촌개발사업'을 담당하는 동시에 아시아 각국의 NGO를 조사하고 지원하는 일이었다. 굶주림과 가난을 없애는 데 조금이나마 보탬이 될 수 있다는 보람에 매일매일이 행복했다. 그러나 한 번의 출장이 내 진로를 바꾸었다.

눈앞에는 바싹 말라붙은 땅이 넓게 펼쳐져 있었다. 현지 직원의 말은 이랬다. "여기는 예전에는 오아시스였습니다. 전에는 우물을 파면 물이 나왔지만 지금은 전혀 나오지 않아요." 그러나 바로 앞 담장 너머에는 푸른 나무들이 무성했다. "저 숲은 뭔가요?" 하고 그에게 물어보았다. "아, 저건 과일 플랜테이션입니다." 그가 대답했다. "그렇군요. 여기 사람들은 저 과일을 먹고 사는군요." 내가 그렇게 말하자, 그는 "아니오, 과일은 누구도 살 수 없습니다. 저건 모두 해외로 수출됩니다." 했다. 플랜테이션은 단일 작물을 대량으로 재배하는 대규모 농지를 말하는데, 그 대다수는 선진국의 대기업이 운영하고 있다. 마을의 우물이 말라 버린 것은 플랜테이션에서 지하수를 대량으로 끌어다 썼기 때문이었다.

가난의 덫 상품작물

플랜테이션에서 재배하는 작물은 상품작물이라 불린다. 이것은 수출하기 위해 기르는 것으로, 현지에서는 전혀 유통되지 않는다. 이익은 모두 선진국의 본사로 보내지며, 지역으로 돌아가지 않는다. 한편 기름진 땅이 플랜테이션에 파격적인 값에 팔려 지역의 농민은 땅을 잃고, 끼니마다 먹는 작물을 기를 수 없게 되어 해외에서 농산물을 수입해야 한다.

이 마을에서는 플랜테이션 때문에 토질이 건조해지고, 중앙아메리카의 에콰도르에서는 새우 양식 때문에 맹그로브 숲이 벌채된다. 아마존에서는 콩 재배 때문에 숲이 파괴되며, 인도네시아에서는 팜유 때문에 열대림이 대규모로 불태워지고 있다. 상품작물은 그 나라의 농업뿐 아니라 환경까지 파괴하는 것이다.

　　　　　　　　　　　　세계에서 빈곤을 없애는 30가지 방법

대규모 플랜테이션 때문에 말라붙은 땅.
담장 너머로 푸른 나무들이 보인다.

상품작물로 인해 현지 농민의 생활이 윤택해진다는 주장이 있지만, 현실에서 상품작물은 항상 공급과잉이라 국제 가격이 떨어지고 있다. 대규모 플랜테이션만이 가격 경쟁에서 살아남고, 작고 힘 없는 농민은 무너지고 있다. 농민들은 땅을 팔고 도시로 들어가거나, 가진 땅 없이 대규모 플랜테이션에서 일할 수밖에 없는 것이다.

식량 수입 대국 일본

세계에서 식량을 가장 많이 수입하는 나라는 일본이다. 그 규모는 세계 농산물 수입액의 11% 가까이 되며, 그 가운데 곡물의 73%가 개발도상국에서 수입된다. 자기 나라에서 식량을 생산하지 못하고 외국에 의존하는 정책과 해외에서 사 온 먹을거리를 대량으로 소비하는 우리의 식생활이 '상품작물 시스템'을 구성하고 있는 것이다. 국제연합의 직원으로서 현지에서 아무리 노력한다 해도 상품작물을 대량으로 수입하고 소비하는 나라가 있는 한 굶주림과 가난은 사라지지 않는다. 이 사실을 깨달은 순간, 국제연합을 그만둘 결심을 했다.

다국적기업이라는 존재

상품작물의 예에서 보듯, 현재의 세계경제는 선진국은 점점 잘 살고 개발도상국은 점점 가난해지게 되어 있다. 선진국은 개발도상국의 석유, 광물, 토지 등 여러 자원을 엄청나게 싼 가격에 사들이고 현지 사람들을 싼값에 부려 먹음으로써 값싼 상품을 대량으로 생산한다. 그렇게 생산한 것을 세계 곳곳에 뻗어 있는 판매망을 통해 팔아 많은 이윤을 남긴다. 그 결과 선진국과 개발도상국의 빈부 차이는 해마다 커져서, 1960년에 30대 1이었던 것이 2002년에는 114대 1까지 벌어졌다.(〈인간개발보고서 2002〉, 국제연합개발계획)

이처럼 세계 경제의 중심에는 다국적기업이 있다. 본사는 선진국에 있으면서 많은 나라에 지사를 두고 지구적인 규모로 활동하는 거대 기업 그룹을 말한다. 95~97쪽의 표를 보자. 세계 각국의 국내총생산과 기업의 한 해 매출을 금액 순으로 줄 세운 자료를 보면, 1위 미국, 2위 일본처럼 선진국이 이름을 나란히 하고 있지만, 23위 제너럴모터스, 25위 월마트와 같이 다국적기업이 늘기 시작해 상위 100위 가운데 51개를 기업이 차지하고 있다. 실제로 세계 자산의 25%를 300개 다국적기업이 소유하고 있는 것이 현실이다.

다국적기업은 세금을 내지 않는다

다국적기업은 어떻게 이처럼 엄청난 부를 쌓을 수 있었을까? 값싼 원재료, 저임금과 가혹한 노동 조건, 생산지의 느슨한 환경

규제도 그 이유지만, 세금을 내지 않는 방법을 고안해 낸 덕분이기도 하다. '조세회피지(택스헤이븐tax-haven)'라 불리는 방법이다. 조세회피지에 서류뿐인 회사를 만들어 그곳으로 매출을 옮기는 것이다. 그 나라(케이맨제도가 유명하다.)의 세금은 0에 가깝다. 이 방법을 통해 다국적기업은 '합법적으로' 세금을 내지 않는다. 세계무역의 50%, 금융거래의 50%가 이 '조세회피지'를 거쳐 가고 있으며, 이렇게 축적되어 은행에 감추어진 금액은 무려 11.5조 달러(약 1경 1,500조 원)에 이른다고 알려져 있다. 일본의 한 해 국가 예산이 87조 엔(약 696조 원)인 것을 생각하면 얼마나 큰 돈인지 알 수 있다. 이와 같이 다국적기업은 세계경제라는 바다를 자유자재로 헤엄치며 세계 곳곳에서 이익을 모으면서도 당연히 내야 할 세금을 내지 않는다. 개발도상국은 천연자원, 인적 자원, 자연 자원을 빼앗겨 가난해질 뿐이다.

세계경제를 지배하는 금융자본

세계경제는 두 가지 경제로 이루어진다. 하나는 상품을 생산하고 서비스를 파는 등 실제 매매를 수반하는 경제로, 이것을 '실체 경제'라 부른다. 다른 하나는 대차貸借, 환換, 주식 들을 사고파는 것으로 엄청난 이익을 거두는 '가상'의 경제로, 이것을 '금융자본'이라 부른다.

다국적기업이 이렇게 세계의 부를 긁어모을 수 있는 것도 금융자본이 있기 때문이다. 물건을 만들지도, 서비스를 팔지도 않으면서 아주 큰돈을 융자나 주식 매매, 통화 거래 들의 방법으로 움직여 이익을 내는 금융자본이 가상의 경제를 살찌우고 있는 것이다.

두 가지 경제 규모의 차이를 보자. 세계 실체경제의 규모는 30조 달러 정도(약 3경 원)이지만, 금융자본은 80조 달러(약 8경 원)까지 커져 있다. 특히 국제 외환시장은 1973년에 4조 달러(약 4,000조 원)였던 것이 현재는 470조 달러(약 47경 원)까지 급성장했다. 실체경제가 금융자본의 지배아래 놓이게 된 오늘날에는 국가든 기업이든 금융시장이 바라지 않는 일은 할 수가 없다. 금융자본이 원하는 것은 단지 '이윤'뿐이다.

따라서 선진국 정부도 경제를 계속해서 성장시켜야만 하며, 다국적기업도 계속해서 이윤을 올리지 않으면 안 된다. 그러지 않으면 '기업 순위' '국가 등급'이 떨어지고, 그 결과 투자자들이 등을 돌려 주식이나 국채가 폭락하기 때문이다. 1997년 태국에서 일어난 경제공황은 그 전형적인 사례였다. 세계를 활보하는 다국적기업과 금융자본의 행동을 어떻게 규제해야 할지, 다음 장에서 생각해 보자.

우에무라 다케히코

세계 각국의 국내총생산과 기업 연간 매출 100위

	국가/기업	GDP/연간 매출 (100만 달러)	국민 수/사원 수(명)
1	미국	8,708,870.0	276,200,000
2	일본	4,395,083.0	126,000,000
3	독일	2,021,202.0	822,000,000
4	프랑스	1,410,262.0	58,700,000
5	영국	1,373,612.0	58,700,000
6	이탈리아	1,149,958.0	57,300,000
7	중국	1,148,814.0	1,266,800,000
8	브라질	760,345.0	168,000,000
9	캐나다	612,049.0	30,900,000
10	에스파냐	562,245.0	39,600,000
11	멕시코	474,951.0	97,400,000
12	인도	459,765.0	998,100,000
13	한국	406,940.0	46,500,000
14	오스트레일리아	389,691.0	18,700,000
15	네덜란드	384,766.0	15,700,000
16	러시아	375,345.0	147,200,000
17	아르헨티나	281,942.0	36,600,000
18	스위스	260,299.0	7,300,000
19	벨기에	245,706.0	10,200,000
20	스웨덴	226,388.0	8,900,000
21	오스트리아	208,949.0	8,200,000
22	터키	188,374.0	65,500,000
23	제너럴모터스	176,558.0	388,000
24	덴마크	174,363.0	5,300,000
25	월마트	166,809.0	1,140,000
26	엑슨모빌	163,881.0	106,000
27	포드	162,558.0	364,550
28	다임러크라이슬러	159,985.7	466,938
29	폴란드	154,146.0	38,700,000
30	노르웨이	145,449.0	4,400,000
31	인도네시아	140,964.0	209,300,000
32	남아프리카공화국	131,127.0	39,900,000
33	사우디아라비아	128,892.0	20,900,000
34	핀란드	126,130.0	5,200,000
35	그리스	123,934.0	10,600,000
36	태국	123,887.0	60,900,000
37	미쓰이물산	118,555.2	38,454

38	미쓰비시상사	117,765.6	42,050
39	도요타자동차	115,670.9	214,631
40	제너럴일렉트릭	111,630.0	340,000
41	이토추상사	109,068.9	5,306
42	포르투갈	107,716.0	9,900,000
43	로열더치셸	105,366.0	96,000
44	베네수엘라	103,918.0	23,700,000
45	이란	101,073.0	66,800,000
46	이스라엘	99,068.0	6,100,000
47	스미모토상사	95,701.6	33,057
48	NTT	93,591.7	223,954
49	이집트	92,413.0	67,200,000
50	마루베니	91,807.4	32,000
51	콜롬비아	88,596.0	41,600,000
52	약사생명	87,645.7	92,008
53	IBM	87,548.0	307,401
54	싱가포르	84,945.0	3,500,000
55	아일랜드	84,861.0	3,700,000
56	BP아모코	83,556.0	80,400
57	시티그룹	82,005.0	176,900
58	폭스바겐	80,072.7	306,275
59	니혼생명	78,515.1	71,434
60	필리핀	75,350.0	74,500,000
61	지멘스	75,337.0	443,000
62	말레이시아	74,634.0	21,800,000
63	알리안츠보험	74,178.2	113,584
64	히다치제작소	71,858.5	398,348
65	칠레	71,092.0	15,000,000
66	마쓰시타전기	65,555.6	290,448
67	닛쇼이와이	65,393.2	18,446
68	ING그룹	62,492.4	86,040
69	AT&T	62,391.0	147,800
70	필립모리스	61,751.0	137,000
71	소니	60,052.7	189,700
72	파키스탄	59,880.0	152,300,000
73	도이체방크	58,585.1	93,232
74	보일	57,993.0	197,000
75	페루	57,318.0	25,200,000
76	체코	56,379.0	10,300,000
77	다이이치생명보험	55,104.7	60,792
78	혼다기연공업	54,773.5	112,000

세계에서 빈곤을 없애는 30가지 방법

79	앗시쿠라치오 니제네랄리보험	53,723.2	56,593
80	닛산자동차	53,679.9	141,526
81	뉴질랜드	53,622.0	3,800,000
82	E.On에너지	52,227.7	131,602
83	도시바	51,634.9	190,870
84	아메리카은행	51,392.0	155,906
85	피아트	51,331.7	221,043
86	네슬레	49,694.1	230,929
87	SBC커뮤니케이션스	49,489.0	204,530
88	크레디트스위스	49,362.0	63,963
89	헝가리	48,355.0	10,100,000
90	휴렛패커드	48,253.0	84,400
91	후지쓰	47,195.9	188,000
92	알제리	47,015.0	30,800,000
93	메트로	46,663.6	171,440
94	스미토모생명	46,445.1	65,514
95	방글라데시	45,779.0	126,900,000
96	도쿄전력	45,727.7	48,255
97	크로거	45,351.6	213,000
98	토탈피나엘프	44,990.3	69,852
99	NEC	44,828.0	154,787
100	스테이트팜보험	44,637.2	78,643

▨▨▨▨ 는 기업
출전: 연간 매출과 사원 수는 《포춘》(2000년 7월 31일)을 참고. 국내총생산은 세계은행의 〈세계개발보고서 2000〉
참고. 국민 수는 '국제연합인구기금(UNFPA)' 의 〈세계인구현황보고서 1999〉 참고.

13

빈곤을 구조적으로
해결하는 세 가지 방법

식량 자급자족하기

가난한 나라에서는 사람들이 굶주림과 가난으로 고통을 겪고 있는 반면, 일본은 세계에서 가장 많은 식량을 수입하고 있다. 일본의 식량 자급률은 곡물로 환산해 28%밖에 되지 않으며, 모자라는 양은 모두 해외에서 사 오고 있다. 일본인이 먹을 식량을 농사짓는 땅은 3분의 1만이 일본 안에 있을 뿐이며 나머지 3분의 2는 해외에 있다. 이것이 개발도상국의 굶주림과 가난을 낳는 커다란 원인 가운데 하나다. 예를 들어 필리핀의 민다나오 섬에는 아주 넓은 바나나와 파인애플 플랜테이션이 있지만, 그곳 사람들은 그 바나나와 파인애플을 먹을 수 없다. 그들이 아무리 굶주린다 해도 과일은 모두 일본으로 수출되기 때문이다. 일본이 식량 자급률을 100%에 가깝게 하는 것이 개발도상국의 굶주림과 가난을 없애는

아카메주쿠에서 일하는 사람들.

데 커다란 보탬이 되는 것이다.

식량 자급률을 높이는 열쇠는 '바른 먹을거리 정보' '자연 농법' '지산지소' '바른 식생활'에 있다. 1억 명이 넘는 사람들이 자급자족한다는 것은 꿈같은 이야기일지도 모르겠지만, 실제로 식량 생산 현장에는 지금 지각변동이 일어나고 있다. 홋카이도, 아오모리, 이와테, 아키타, 야마가타 5개 현이 칼로리 기준 식량 자급자족을 이루어 내고 있다. 보육원에서 급식용 야채를 자급자족하는 기후 현 하시마 시, 식량 자급률 향상 특구로 인정되어 NPO 법인이 직접 사료용 쌀 생산에 관여하는 야마가타 현 유자마치(농림수산성의 '식량자급률향상지역정보'에서 소개)의 활동, 유기농업으로 한 해 2,000만 엔의 매출을 올리고 있는 치바 현의 '구리모토 지구촌'이나 자연농법의 선구자인 후쿠오카 마사노부福岡正信 그룹, 가와구치 요시카즈의 '아카메주쿠赤目塾' 등 무농약 유기농업 그룹의 활동이 조용히 그 범위를 넓혀 가고 있다.

중요한 것은 '자급자족' '지산지소' '무농약 유기농'의 활동 근거지를 넓혀 나가는 것이다. 이런 정보들을 찾아 곳곳의 생산자와

세계에서 빈곤을 없애는 30가지 방법

크고 작은 여러 먹을거리의 유통 일을 하는 사람들을 강하게 이어 주는 것이다. 생산지에서 직접 가져온 농산물만으로 가정의 식탁을 꾸리기는 어렵겠지만, '쌀만은' '제철 과일만은' 하고 할 수 있는 것부터 시작하는 것이 중요하다. 현지에서 무농약으로 생산한 농산물을 먹는 지산지소 운동은 지역의 농업과 유기농업을 도울 뿐 아니라 가족의 건강과도 이어지는 것이다. 또한 필요한 것만을 신중하게 사고 남기지 않도록 신경 써서 음식물 쓰레기를 없애면 식량 자급률이 8% 높아지고 가계 부담도 줄어든다. 나아가 아주 많은 양의 곡물을 들여 생산하는 육류 소비를 줄이고 채식 중심의 식생활로 바꾸면 자급률을 20%나 늘릴 수 있다.

기업에 사회적 책임 묻기

전 세계에서 엄청난 부를 모으는 다국적기업에 '기업의 사회적 책임CSR'을 요구하는 것이 세계적인 흐름이 되고 있다. 기업이 자신의 이익만을 쫓는 것이 아니라 환경이나 인권을 배려해야 하며, 또 그것을 기업에 요구할 수 있다고 생각하게 된 것이다. 특히 종업원, 지역 주민, 거래처, 환경 관련 NGO, NPO 등 여러 이해관계자(스테이크홀더stakeholder)들과 대화함으로써 기업이 다양하고 폭넓은 사회적 요구를 이해하고 따라 사회의 신뢰를 얻고 지속 가능한 사회의 일원으로서 사회에 공헌할 것이 요구되고 있다.

다른 한편으로 사람들이 투자를 통해 기업에 책임을 요구하는 것이 '사회적 책임 투자SRI'다. 기업이 사회적 책임을 지키고 있다면 그 기업의 주식을 사고, 기업의 태도를 바꾸기 위해 주주로서 의견을 내거나 압력을 넣기도 한다. 이 사회적 책임 투자에는 두 가지 방법(사회적 심사screening)이 있다. 하나는 나쁜 것을 선택하지 않는 방법(부정적 심사negative screening)이다. 무기 산업이나 원자력, 담배, 도박처럼 사회와 환경에 해를 끼치는 업종이나 기업에 투자하지 않는 것이다. 또 하나는 좋은 것을 선택하는 방법(긍정적 심사positive screening)이다. 자연 에너지를 이용하려고 노력하는 기업, 지역 사람들에게 일자리를 줘 지역에 공헌하는 기업 등 사회와 환경에 기여하는 기업을 선택해 투자함으로써 그 기업에 힘을 실어 주는 것이다. 2003년을 기준으로 사회적 심사를 따르는 시장의 크기는 미국에서 231조 엔(약 1,848조 원), 유럽에서 34.5조 엔(약 276조 원)인 반면, 일본에서는 아직 0.1조 엔(약 0.8조 원) 정도에 머물러 있다.

만약 우리가 가난한 나라의 사람들을 돕는 기업의 주식, 제품, 서비스를 사고 가난을 더 늘리는 기업의 것은 사지 않는 소비 기준을 빈틈없이 지켜 간다면, 빈곤 문제의 해결에 더 가까이 다가갈 수 있을 것이다.

국제 과세 실현하기

마지막 방법은 '국제 과세(글로벌택스global tax)'다. 근대 국가는 국민에게 세금을 (소득이 많은 사람에게는 많이, 적은 사람에게는 적게) 거두어 그 가운데 얼마를 의료, 교육, 생활보호 들의 복지 비용으

로 다시 분배함으로써 국민의 빈부 차이를 줄이려 해 왔다. 그대로 내버려 두면 잘사는 사람은 점점 잘살고 가난한 사람은 점점 더 가난해져 버리기 때문이다. 그러나 세금은 나라 밖까지 미치지는 않는다. 세계를 종횡무진 누비며 활약하는 다국적기업으로서는 세금을 피해 이익을 거둘 수가 있는 것이다. 가난한 나라가 앞을 다투어 세금을 줄이기 때문이다. 그러니 가난한 사람들에게 돈이 돌아가지 않는 것도 당연하다. 그래서 국제적으로 그 차이를 줄일 재원을 마련하기 위해 생각해 낸 조세 구조가 바로 국제 과세다.

대표적인 것이 노벨 경제학상 수상자인 제임스 토빈이 고안한 '토빈세'다. 이것은 외환시장에서 이루어지는 모든 거래에 세금을 매기는 것이다. 나중에는 보통의 통화 거래에는 낮은 세율을, 투기적 거래에는 높은 세율을 매기는 '2단계 과세 제도'가 제안되기도 했다. 이 '통화거래세'가 도입되면 국제 금융시장에서의 투기적 거래를 억누를 수 있고 동시에 세금으로 거둔 돈을 세계의 빈부 차이를 줄이는 데 쓸 수 있다. 세율을 거래액의 0.1%로만 해도 적어도 한 해 1,000억 달러(약 100조 원)의 세금이 모일 것으로 짐

항공권의 '국제연대세'를 결정한 파리 회의의 모습.

작된다. 2015년까지 세계의 빈곤을 절반으로 줄인다는 국제연합의 '밀레니엄개발목표'를 달성하기 위해 필요한 돈이 적어도 한해 500억 달러(약 50조 원)인 것을 생각하면 이것이 얼마나 큰 금액인지 알 수 있을 것이다.

이 밖에도 세금 회피를 막기 위한 여러 가지 거래세가 있다. 예를 들어 '주식거래세(세수입 200~400억 달러. 영국, 미국 들에서 실시)' '채권거래세(세수입 500억 달러. 독일, 오스트리아에서 실시)' 들이 그것이다. 그리고 2006년 7월부터는 '항공권연대세'가 시행되기 시작했다. 이것은 항공권에 세금을 매기는 것으로 비행기를 타는 사람들에게 '국제연대세'를 거둬 에이즈, 말라리아, 결핵의 3대 전염병 대책을 위한 자금을 마련하는 것이다. 프랑스에 이어 노르웨이와 룩셈부르크에도 도입되었다. 또 빠르면 2008년부터 '국제탄소세'가 유럽연합에 가입한 25개 나라를 오가는 항공기에 대해 부과될 예정이다. 이 세금 수입은 온난화를 막기 위해 쓰인다. 나아가 '조세회피지거래세(세수입 400~1,000억 달러 예상)'나 '무기거래세' 들도 제안되고 있다.

세계에서 빈곤을 없애는 30가지 방법

국제 과세는 현실이 되기 시작했다. 빈곤을 없애기 위한 해결법은 현실에 존재한다. 한 사람이라도 더 많은 사람이 세계의 빈곤을 더 이상 내버려 둬서는 안 된다고 생각해 해결 방법을 찾고 목소리를 낸다면, 머지않아 세계의 빈곤 문제는 해결될 것이다.

우에무라 다케히코

14
행복을 위한 개발이란

네팔의 전기 요금은 왜 비쌀까

네팔에 살았을 때, 물가가 대부분 일본보다 낮은데 유달리 전기세만은 매우 비싼 것에 놀랐다. 1킬로와트당 7.5루피(약 120원). 1인당 국내총생산이 네팔의 100배인 독일의 전기 요금과 같았다. 최빈국 가운데 하나인 네팔에서 왜 이렇게 전기 요금이 비싼 것일까. 네팔의 발전소 대부분이 원조라는 이름으로 선진공업국의 융자를 받아 건설되어서 그 빚을 갚는 데 전기 요금을 쓰기 때문이다.

세계 인구의 3분의 1(약 20억 명)이 전기와 가스 따위의 에너지 서비스를 받지 못하고 있다. 네팔도 인구의 85%가 전기 없이 살고 있다. 그러나 전기를 쓸 수 있다고 해도 매우 비싼 전기 요금을 내야 한다. '세계은행(국제부흥개발은행)'의 조사에 따르면, 개발도상국의 도시에 사는 빈곤층은 수입의 20%를 에너지를 사는 데 쓴다.

댐은 무너져도 빚은 남는다

빙하와 만년설로 덮인 세계의 지붕 히말라야 산맥이 있는 네팔은 6,000개가 넘는 크고 작은 강이 있어 세계에서도 손꼽을 만큼 풍부한 수자원을 가졌다. '하얀 석유'라고 일컬어지는 풍부한 물로 전력을 만들고 나아가 만성적인 전력 부족에 시달리는 이웃 인도에 수출하는 것이 이 나라의 간절한 바람이다. 그러나 현재 전기를 쓸 수 있는 사람은 인구의 15%에 지나지 않고, 농촌의 전기 보급률은 5%에도 미치지 못한다.

세계 여러 나라가 앞을 다투어 네팔에 수력 개발원조를 벌이고 있다. 일본도 시멘트 공장 하나를 빼면 네팔에 대한 차관을 모두 수력발전소에 집중하고 있다. 그 가운데 총발전량의 40%를 대는 쿨레카니 발전소는 1993년 집중호우로 무너져 겨우 이틀 만에 댐의 80%가 흙더미에 묻히고 말았다. 이 발전소는 당초 계획을 훨씬 밑도는 이익밖에 내지 못하고 있다. 그러나 네팔은 계속해서 일본에 거액의 빚을 갚아 나가지 않으면 안 된다.

10년 전쯤에는 국가 예산의 2배나 되는 돈으로 수력발전소를 지을 계획을 세우기도 했다. 세계의 많은 시민단체가 반대 운동을 펴 결국 이 계획은 중단되었지만, 만약 계획이 이루어졌다면 아무도 전기를 쓸 수 없을 정도로 전기 요금이 비싸졌을지도 모른다.

지역의 기술로 지역경제를 살린다

그렇다면 네팔은 스스로의 힘으로 수자원을 개발할 수 없는 것

1911년에 완성된 네팔 최초의 파르핑 Pharping 수력발전소. 초등학교 사회 과 교과서에도 실려 있다

일까. 이 나라 사람들이 자신들의 자원에 관심을 가지지 않은 것은 아니다.

네팔의 작은 하천에는 '가타^{ghatta}'라고 불리는 수차^{水車}가 설치되어 쌀을 찧거나 밀가루를 만들거나 겨자기름을 짜는 데 쓰이고 있다. 아칼 만 나카르미는 20년 넘게 이 가타의 효율을 높이기 위해 노력해 왔다. 농가의 요구에 맞추어 개량을 거듭하던 나카르미는 수차로 전기를 만들어 밤에도 일할 수 있었으면 좋겠다는 이야기를 들었다. 이에 나카르미는 낮에는 쌀을 찧거나 밀가루를 만들고 밤에는 전기를 만드는 다목적 수차를 개발했다.

처음에는 한 집만 밝히던 전깃불이 이윽고 마을 전체로, 나아가 이웃 마을까지 퍼져 나가 지금은 1,000곳이 넘는 마을에 다목적 수차가 설치되어 있다. 그 대부분은 3킬로와트 아래의 작은 용량이다.

전기가 들어가지 않는 지역의 사람들이 바라는 것은 낮에는 농산물을 가공하고 밤에는 어른들이 야간작업을 하고 아이들이 숙제를 할 수 있는 얼마 안 되는 전기다. 네팔에는 이런 요구에 부응

네팔 카트만두의 수차 제조업자. 이 300와트 수차로 3세대의 전구를 밝힐 수 있다

하는 수차 제조사가 10곳 넘게 있어, 수차 설비를 사 가는 사람들에게 설치나 운전에 관한 연수를 실시하기도 한다. 송전선이 자기 마을까지 들어오기를 애타게 기다리던 사람들은 서로 돈을 모아 수차를 사고, 그 뒤로도 힘을 합쳐 수로를 유지하고 수차를 손질한다.

일본의 원조는 이런 기술의 존재를 무시하고 일본 기업의 이익을 위해 대규모 발전소를 세운다. 그와 달리 덴마크는 네팔 사람들 스스로 기울이는 노력을 돕는 원조를 하고 있다. 지원 대상이 되는 것은 100킬로와트 아래의 설비로, 그 가운데에는 가타의 개량도 들어간다.

또한 캐나다인 기술자인 데이비드 어바인 핼리데이David Irvine-Halliday는 소비 전력이 적은 발광 다이오드 전구를 만드는 공장을 세웠다. 이 전구가 보급되면 사람들은 보다 작은 규모의 발전 시설을 보다 적은 돈을 들여 설치할 수 있게 된다.

세계에서 빈곤을 없애는 30가지 방법

지역을 이해하고 행동하자

주민 스스로 계획하고 자금을 마련해 위험을 무릅쓰고 벌이는 사업 가운데 쓸모없는 것은 없다. 엄청난 빚을 낳아 원조국을 더욱 가난 속으로 밀어넣는 원조가 아닌, 주민의 생활에 대한 지원이 절실하게 필요하다.

그러한 개발을 지원하는 방법은 여러 가지가 있다. 직접 현지에 가서 지원 활동을 하는 것도 하나의 방법일 것이다. 국내에서 할 수 있는 일도 많다. 나는 네팔에서 일본과 덴마크의 원조 방법의 차이를 직접 눈으로 보고 각 나라의 원조 정책이 저마다 다른 국내 정책을 반영하고 있음을 알 수 있었다. 그렇다면 정부에 직접 요구를 하거나 또는 우리 스스로가 자신의 지역을 지속 가능하게 바꾸어 감으로써 일본의 국내 정책을, 나아가서는 원조 정책을 바꾸어 낼 수 있을 것이다.

일본인의 삶은 세계의 자원을 낭비함으로써만 이루어질 수 있으며, 그 자원을 확보하는 데 원조가 이용되고 있다. 지역에 있는 여러 자원을 활용할 수 있다면 세계의 자원을 빼앗을 필요도, 쓸데

없는 원조로 개발도상국에 빚을 지우는 일도 없어질 것이다.

에히메 현 이마바리 시 리쓰조토 초등학교에서는 5학년 수업 시간에 '음식과 환경'에 대해 배운다. 아이들은 일본을 비롯한 선진공업국이 비만이나 그와 관련된 병에 시달리는 것과 달리 개발도상국에서는 8억 명이나 되는 사람들이 기아로 고통받으면서도 자기 나라 환경을 파괴해서까지 일본에 수출하기 위한 식량을 생산하고 있으며, 또 그 수송에도 엄청난 에너지가 쓰인다는 사실을 알게 되었다. 자신들의 식탁이 세계의 빈곤을 낳고 있다는 가슴 아픈 사실에 아이들은 무력감에 빠지기보다 오히려 우리의 식생활을 바꿈으로써 세계를 바꿀 수 있다는 생각을 하기 시작했다. 그래서 고기를 먹는 횟수를 줄이고, 음식물을 남기지 않고, 할 수 있는 한 지역에서 나는 것을 먹기로 결심했다. 가족들의 참여에 자신감을 얻은 아이들은 나아가 지역 축제에서 일회용품을 없애는 데 성공하기도 했다.

아이들은 힘없지 않다. 세계의 현실을 알고, 그 해결 방법을 고민하고 서로 생각을 나누면 공감하는 사람들을 늘릴 수 있다. 아이들은 그렇게 확신하게 되었다. 우리도 할 수 있을 것이다.

사토 유미

Column 2

지구 온난화로
피해를 입는 사람은 누구일까

대기 가운데 이산화탄소가 늘어나면 지구 온난화가 가속화된다. 이것은 초등학생도 아는 사실이다. 그렇다면 지구 온난화가 가져오는 문제는 무엇일까. 빙하가 녹는다, 해수면이 높아진다, 기온이 상승한다……. 분명 그렇다. 하지만 여기서 생각해 보고자 하는 것은 온난화로 피해를 입는 사람이 누구인가 하는 문제다.

지구 온난화에 대해 논의하는 국제회의인 '기후변화에관한정부간위원회IPCC'의 예측 몇 가지를 아래에 간단히 정리해 보았다. 이것을 보면 지구 온난화가 환경문제일 뿐 아니라 개발도상국 사람들의 생활을 파괴하는 사회문제이기도 하다는 사실을 알 수 있을 것이다.

• 해수면이 1미터 상승하면 마셜제도의 일부에서 80%, 방글라데시에서는 18%의 땅이 물에 잠기고, 중국과 방글라데시에서 각각 7,000만

2부 눈에 보이지 않는 진실   **113**

명이 보금자리를 잃게 된다. 베트남, 방글라데시, 미얀마에서는 농지의 대부분이 물에 잠겨 식량난이 일어난다.

• 기온이 상승하면 열대와 아열대 지역에서는 해충이 늘어 식량 생산이 줄어들어 굶주림이 생겨 난다. 기온이 3에서 5도가 오르면 해마다 5,000만 명에서 8,000만 명의 말라리아 환자가 나타난다. 사막 지역에서는 점점 더 물을 구하기 어렵게 되고, 온대 지역에서는 거꾸로 홍수가 잦아져 댐이나 제방이 무너지는 일이 많아진다(최근의 일본이 그렇다).

이렇게 피해를 입는 사람들이 있다면, 피해를 입히는 사람은 과연 누구일까.

지구 온난화의 원인으로는 이산화탄소와 프레온가스 들을 들 수 있는데, 그 가운데 일본의 이산화탄소 배출량은 2003년 약 12억 톤으로 세계 4위다(상위 3개국은 미국, 중국, 러시아). 이산화탄소의 수천 배의 온실효과를 내는 프레온가스의 배출량은 이산화탄소 2,340만 톤분으로, 마찬가지 세계 4위다(2004년 기준). 다시 말해 일본이 지구 온난화에 커다란 책임이 있는 것이다.

화력발전소나 공장 들에서 엄청난 양의 이산화탄소가 나온다는 사실은 잘 알려져 있지만, 실은 우리의 행동 하나하나가 알게 모르게 온난화의 원인이 되고 있기도 하다. 예를 들어 아직 쓸 수 있는데도 그대로 버려지는 냉장고나 에어컨이 분해되면 프레온가스를 내보낸다. 이런 것들이 지구 온난화를 가져와 개발도상국의 사람들에게 고통을 안겨 주는 것이다.

가시다 히데키

3부

~~~~~

빼앗기는 입장에서
생각하기

15

아이들도
스스로 살아간다

테레사 수녀의 당부

인도의 콜카타(옛 이름은 캘커타)에 머물렀을 때의 일이다. 아직 테레사 수녀가 세상을 떠나기 전이어서 테레사 수녀를 흠모하는 많은 외국인이 모여들어 있었다. 잘 알려져 있듯이 테레사 수녀는 가난한 사람들을 위한 활동으로 노벨 평화상을 받았다. 테레사 수녀가 세운 수도회에서는 외국인 자원 봉사자들에게 아이들이 구걸을 배우면 아이들의 정신이 좀먹기 때문에 돈을 주어서는 안 된다고 다짐한다.

형편이 나쁘지 않아 보이는 아이들마저 길에서 아이스크림을 사 달라고 조르는 것을 보고는 정말 그렇구나 하고 생각했다. 하지만 실제로 내 뒤를 졸졸 쫓아오는 아이들에게 돈을 주지 않기란 쉬운 일이 아니다. 겉으로 봐서는 얼마나 배가 고픈지 알 수 없으니, 정말로 돈을 주지 않아도 괜찮은 건지, 아이들을 떨쳐 낼 때마다 내 마음은 흔들렸다. 하지만 그렇게 고민하고 있으면 어느새 수많은 아이들에게 둘러싸여 버리기 때문에, 마음을 확실히 먹지 않으면 오도 가도 못 하는 지경이 되고 만다.

더 교묘한 수법도 있다. 아이들이 유창한 영어로 "엄마가 아파서 젖이 안 나와요. 동생이 죽을 것 같아요." 하면서 다가오는 것이다. 우유를 사 준다고 하면 어느 가게 어느 상표의 우유를 사라고 자세하게 알려 준다. 나중에 보면 분명히 아이에게 사 줬던 우유가 가게 선반에 그대로 놓여 있다. 아이와 가게 사이에 어떤 거래가 있는 것이다.

찌는 듯한 더위, 아스팔트 길가에 손발이 없는 사람들이 매일 같은 장소에 드러누워 있다. 그 앞에는 적선을 할 수 있도록 깡통이 놓여 있다. 처음부터 장애가 있는 사람도 있지만, 전해 들은 이야기로는 동정을 사기 위해 갓난아기 때 손발을 자르는 경우도 있다고 한다. 구걸로 모은 돈을 뜯어 가는 마피아가 있다는 이야기도 들었다. 경험 많은 여행자들은 거지에게 돈을 주면 결국 마피아의 배만 불리는 꼴이니 절대 돈을 주지 말라고 충고한다.

그렇지만 아무래도 쉽지가 않다. 나는 점심을 배불리 먹고도 단것이 먹고 싶어서 잼이 든 빵을 산다. 그런 내 옆에 어린아이가 와서 배가 고프니 그 빵을 달라고 하는데, 그래도 주지 않는다면 정말 너무한 게 아닌가 하는 생각이 든다. 여러분이라면 어떻게 했을까. 그것이 그 아이들에게는 힘든 길거리 생활에서 얻는 아주 작은

행운에 지나지 않는다 해도, 아무래도 빵을 주었어야 하는 게 아닌가 하고, 나는 몇 년이 지나서도 생각하곤 한다.

종이 접기를 잘하는 아이들

매일같이 달려드는 아이들에게 아무것도 주지 않고(때로는 손을 뿌리치면서) 그 자리를 피하곤 했다. 그것이 너무 불편해서, 대신 뭔가 할 수 있는 것이 없을까 고민하다 결국 종이 접기와 실뜨기를 가르쳐 주기로 했다. 아이가 다가오면 손을 잡고 같이 길가에 앉아 종이 접기를 했다. 아이들은 아주 잘했다.

인도 아이들이 어째서 이렇게 종이 접기를 잘하는 걸까 하고 신기해하다, 문득 그렇게 생각하는 나 자신이 더 이상하다는 것을 깨달았다. 똑같은 아이들이니 가르쳐 주기만 하면 누구나 잘할 수 있는 게 당연한데도 말이다. 내 안의 차별 의식과 편견을 깨달은 일이었다. 하지만 이런 편견은 좀처럼 떨쳐 내기 어렵기도 해서, 그 때문에 잘못을 저지르는 일도 많았다. 필리핀의 농가에 부탁한 일이 아무리 말해도 제대로 되지 않아서 그 사람이 게을러서 그렇다고 생각했는데, 실은 영어가 잘 통하지 않아서 그랬다는 것을 뒤늦게 안 적도 있다. 분명히 상대방에게 필요하다고 생각해서 했던 '원조'가 실은 상대에게 피해를 입히는 것이었다는 사실을 알게 되기도 한다.

자위대의 이라크 파병에 대해 길에서 설문 조사를 하고 있을 때였다. 파병에 찬성한다고 대답한 중년 남자에게 이유를 물으니 "자기네들 힘만 가지고 나라를 일으킬 수 있을 리가 없잖나." 하고 차가운 말투로 내뱉는 것이었다. 인류 문명의 발상지이자 도시 전체가 미술관인 이라크 문명에 대해 거의 보도가 없었기 때문일까. 개발도상국에 '농업 지도'를 간 사람의 체험담도 인상 깊었다. 현지 사람들에게 이모작을 가르쳐 주면서 지금보다 2배 더 일하면 수확량이 2배가 된다고 말했다고 한다. 그러자 그 사람들이 수확은 두 번 할 수 있을지 몰라도 땅이 메마르기 때문에 아무것도 심을 수 없게 돼 버리지 않느냐고 대답했다는 것이다.

상대방이 자신보다 뒤떨어지니까 도와주어야 한다는 생각이 사실을 있는 그대로 보지 못하게 하고 결국 돌이킬 수 없는 실패로 이어지는 일이 무척 많다. 선의로 시작했으니 상대방에게 도움이 될 거라고 손쉽게 믿어 버리고, 상대방도 선의를 가지고 다가오는 사람에게는 불평을 하기가 어려워서 결국 효과가 제대로 검토되기 힘든 것이다.

친구에게는 구걸하지 않는다

콜카타에서 구걸을 하는 아이들 이야기로 돌아가자면, 한번 같이 논 아이는 그다음부터 길에서 만나도 구걸을 하지 않았다. 배가 고프기는 매한가지일 텐데도 '친구'가 된 나에게는 구걸하지 않는 것이었다. 손을 내미는 대신에 "안티(언니)!" 하고 손을 흔들며 다가와서는 "오늘은 뭐 접어?" 하고 물었다.

구걸할 때는 전혀 표정이 없었는데, 함께 놀기 시작한 순간 눈이 반짝이기 시작했다. 이 아이들은 구걸을 하고 싶어서 하는 게 아니었다. 자신의 감정을 지우고, 비참한 기분으로 손을 내미는 것이다. 이 아이들에게 구걸을 그만두게 할 방법은 없을까? 가르쳐주기만 하면 이렇게 종이 접기를 잘하는 아이들에게······.

그 뒤에 아이들의 시설을 찾아간 적이 있다. 늘 찾아오는 사람들, 특히 같은 또래 아이들이 시설에 있는 아이들에게 엄마 아빠가 없어서 불쌍하다면서 물건을 주었다. 시설의 아이들과 하나가 되어서 감사합니다 하고 머리를 숙이는 경험을 한 나는, 상대방과 대등하게 마주하고 서로의 생활을 더 나은 것으로 바꾸어 가는 길을 찾아야 한다는 생각이 점점 커져 갔다. 하지만 그저 여행객에 지나지 않는 내가 좋은 방법을 찾을 수 있을 것 같지 않았다.

'그들이 무엇을 원하는가'에서 시작하자

그런 일이 있은 뒤, 그 시설의 아이들과 만든 액세서리를 일본에서 파는 계획을 세웠다. 그때까지 기부를 끌어 오기만 하던 내가

지역에서 얻은 식물로 비즈 액세서리를 만
드는 아이들.

갑자기 "이제부터는 재료인 비즈도 공짜로 주지 않아요. 필요한
만큼 사세요." "일본에서 팔 수 있는 것을 만들어 주세요. 좋은 물
건이 아니면 팔리지 않아요." 하고 말했으니 모두들 놀라는 것도
당연했다. 나도 가난한 처지에서 잡화점을 꾸려 가기 위해 필사적
이었다. 후원금에 기대던 때가 편했다는 생각이 들기도 했지만, 돈
이 걸린 일로 진지하게 서로 의견을 나누면서부터 그들의 진짜 요
구나 문제점이 분명해지기 시작했다. 무엇보다 <u>스스로</u> 노력해서
만든 물건이 팔렸을 때의 기쁨을 함께 맛볼 수 있었다. 사회로부터
버림받아 자신을 필요 없는 존재라고 생각하던 아이들이 기뻐하
는 모습이 정말 아름다웠다. 무엇보다 커다란 치료가 되었다는 말
을 활동가에게 들은 것은 덤이었다.

세계의 끔찍한 모습을 알고 뭔가 하고 싶다는 생각을 품었을 때,
그들이 무엇을 하고 싶은가에서 시작해야 한다는 것, 언제나 중요
한 것은 그들 자신이라는 사실을 잊지 않아야 한다. 그것은 원조를
받는 쪽을 위해서기도 하지만, 원조하는 쪽을 위해서기도 하다.

구즈하 무쓰미

16

독재 정권이 진 빚에
고통받는 나라들

가난한 나라들이 빚에 짓눌리고 있다

개발도상국이라 불리는 나라들은 유상 원조로 생긴 빚에 짓눌려 있다. 이자에 이자가 붙는 복리 계산법이 적용되기 때문에 빚은 해마다 늘어나기만 한다. 개발도상국은 점점 쌓여 가는 빚 때문에 의료와 교육, 복지 예산을 줄이고 일용품(주식이나 기름)이나 농산물에 대한 보조금을 없애며 많은 공무원을 해고한다. 그 힘겨움을 고스란히 떠안는 것은 가난한 사람들, 특히 여성과 아이들이다.

이렇게 빚이 쌓이는 문제는 세계적으로 이미 20년 전부터 빈곤의 주요한 원인으로 지적되었다. 최빈국의 빚을 덜어 빈곤을 해결해야 한다는 목소리가 높아지고 있다. 20세기 말에는 '주빌레 2000'이라는 국제적인 '부채탕감운동'이 일어났다. 여러 가지 제약이 있긴 하지만 아프리카를 중심으로 한 가난한 나라들의 빚 가운데 3분의 1 가까이 덜어지기도 했다. 하지만 어정쩡하게 빚을 덜어 주는 것으로는 문제가 해결되지 않는다.

잘사는 나라들 가운데서도 가난한 나라들의 빚을 덜어 주는 데 특히 소극적인 것이 일본이다. '부채 탕감은 채무국의 도덕적 해이(모럴해저드moral hazard)를 조장한다.' '국민들의 소중한 돈을 쉽게 탕감해 버릴 수는 없다.'는 것이 이유다. 그럴지도 모른다. 하지만 정말 그럴까?

우선, 개발도상국은 정말로 빚을 갚지 않고 있을까? 아프리카는 1970년부터 2002년까지 모두 5,400억 달러(약 540조 원) 가까이 빌리고 5,500억 달러(약 550조 원)쯤 갚았다. 그런데도 아직 3,000억 달러(약 300조 원) 정도의 빚을 지고 있다. 빌린 돈보다 더 많은 돈을 갚았을 뿐 아니라 지금은 오히려 개발도상국이 선진국을 '원조'하고 있는 것이다. 개발도상국은 빚을 갚기 위해 해마다 4,000억 달러(약 400조 원) 가까이 선진국에 지불한다. 한편, 유니세프UNICEF와 국제연합개발계획UNDP은 10년 동안 해마다 800억 달러(약 80조 원) 정도 들이면 가난한 나라 사람들의 기본적인 인간 욕구(basic human needs, 의식주 같은 인간다운 생활에 필요한 것)를 만족시킬 수 있을 것으로 본다.

빌려주는 나라는 책임이 없을까

'국민의 소중한 돈'이라면 그 돈을 빌리는 나라의 사람들에게 정말로 도움이 되는지, 또 그 나라가 정말로 돈을 갚을 수 있는지

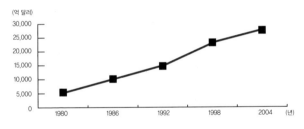

(억 달러)

30,000

25,000

20,000

15,000

10,000

5,000

0

1980   1986   1992   1998   2004   (년)

1980년부터 2004년까지의 개발도상국 채무 총액(세계은행)

꼼꼼히 살펴보고 빌려주어야 한다. 과연 그런 노력이 제대로 이루어지고 있을까?

필리핀은 1965년에서 1986년까지 21년 동안 마르코스 대통령의 독재 아래 있었다. 그는 계엄령을 선포해 반대파를 체포하고 의회를 정지시켜 국민의 자유를 억압했다. 마르코스 집안과 추종자들은 갖가지 이권을 독점하고 원조를 마구 끌어들여, 마르코스가 대통령이 되기 전에는 10억 달러(약 1조 원)였던 나라 빚이 20년 뒤에는 280억 달러(약 28조 원)로 늘어났다. 그 가운데는 가장 많이 원조한 일본이 준 5,000억 엔(약 4조 원)의 차관도 들어 있다. 혁명으로 마르코스가 쫓겨났을 때 해외로 빼돌린 자산은 100억 달러(약 10조 원)에 이른다고 알려져 있다.

이것은 결코 지나간 이야기가 아니다. 마르코스는 대통령령을 통해 부채 상환에 우선적으로 예산을 사용하고 있었다. 다음 정권도 이 방침을 그대로 이어받아 해마다 정부 예산의 30% 넘는 돈을 빚 갚는 데 쓰고 있다. 필리핀은 그 뒤로도 재정 적자를 계속 빚으로 메우고 있으며 현재 빚이 600억 달러(약 60조 원)에 이른다. 그

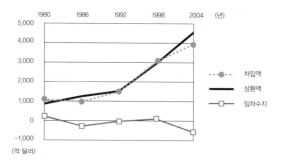

(년)	1980	1986	1992	1998	2004

5,000
4,000
3,000
2,000
1,000
0
-1,000
(억 달러)

‐ ‐ ●‐ ‐ 차입액
━━ 상환액
─ □ ─ 임차수지

1980년부터 2004년까지의 개발도상국 차입액과 상환액, 수지(세계은행)

때문에 사회 서비스는 뒷전이 되어, 2005년을 기준으로 교육비가 전체 예산의 15%, 의료보건비는 겨우 1.5%밖에 되지 않는다.

자신들에게 전혀 도움이 되지 않을 뿐 아니라 거꾸로 자신들을 짓누르는 데 쓰인 이런 빚까지 채무국의 국민들이 갚아 나가야만 하는 것일까? 사실 이런 빚은 갚지 않아도 된다는 국제법이 있다. '불쾌한 채무Odious Debt'라는 것으로, 20세기 초 러시아의 알렉산더 사크Alexander Sack라는 법학자가 처음 내놓은 것이다. 독재 정권이 국민의 동의를 얻지 않고 자신들의 이익만을 위해 얻은 빚은 그 뒤를 이은 민주 정권이 갚기를 거부할 수 있다는 것이다. 최근에는 부채탕감운동을 벌이는 이들이 이 '불쾌한 채무'를 더 넓은 의미로 '부당한 채무Illegitimate Debt'라고 부르면서 국민에게 도움이 되지 않는 개발 사업으로 생겨난 빚이나 비싼 이자 때문에 불어난 빚 들도 그 안에 넣고 있다. 독재자에게 돈을 빌려준 나라의 책임을 가난한 나라의 사람들에게 떠넘겨서는 안 된다는 주장이다. 그래도 빌려준 돈을 받으려 한다면 바로 그 독재자들에게 청구해야 한다는 것이다.

가난한 나라가 선진국에게 빌리는 돈 가운데에는 이 '부당한 채무'에 들어가는 것이 많다. 오히려 '정당한 채무'가 더 적을지도 모른다. 개발도상국이 지금처럼 빚을 떠안게 된 것은 과거에 선진국의 은행과 정부가 경제개발을 하려는 아시아, 아프리카, 라틴아메리카에 제한 없이 돈을 빌려주었기 때문이다. 또 미국과 소련 두 진영으로 나누어진 동서 냉전의 결과이기도 하다. 미소 두 진영은 개발도상국을 자기편으로 끌어들이기 위해 독재 체제에까지 많은 원조를 해 왔다. 실제로 1960년대부터 1980년대까지 서방국가들은 오히려 독재 체제에 더 많은 지원을 했고, 반대로 가난한 사람들을 위한 정책을 펴는 정부에게는 재정적인 압력을 넣거나 군대와 반정부 세력을 부채질해 정권을 뒤엎었다. 독재자와 그 추종자들은 원조 받은 돈으로 무기를 사고, 나아가 그 가운데 얼마를 가로채 해외 은행에 있는 개인 구좌에 부정 축재하기도 했다.

'부당한 채무'를 탕감하자

이 '부당한 채무'를 이유로 빚을 깎아 달라고 요구할 수 있을까? 필리핀에서는 마르코스의 뒤를 이은 아키노 대통령이 마르코스 정권의 부정 축재를 철저하게 조사했다. 그런 가운데 일본의 정부개발원조 사업을 수주한 일본 기업이 수주 가격의 15~20%를 마르코스와 그 추종자들에게 뇌물로 주었다는 사실이 드러났다

(기업명도 밝혀졌다). 그러나 아키노 대통령은 그대로 빚을 안고 갚아 나가는 길을 택했다. 일을 복잡하게 만들어 일본이나 다른 나라로부터 원조를 받을 수 없게 될 것을 걱정했기 때문이다. 다른 많은 개발도상국도 독재 정권 때 생긴 빚을 깎기 위해 가끔씩 자신들이 안은 빚이 부당하다고 말하면서도 거기에서 더 나아가지 못하고 있다.

한편, 2004년 뜻밖의 인물이 '독재자 채무의 탕감'을 주장했다. 당시 미국 재무장관이었던 존 스노라는 사람이다. 후세인 독재 체제 때 생긴 빚을 이라크 민중이 떠안아서는 안 된다며 이라크의 빚을 줄여 주자고 다른 채권국(다른 나라에 빚을 준 나라)에 요청한 것이다. 이라크의 석유 수입을 다른 나라의 빚을 갚는 데 쓰게 하고 싶지 않다는 것이 진짜 목적이었지만 말이다. 최빈국의 채무 삭감 협상에는 이상하리만치 오래 시간을 끈 G7을 비롯한 채권국도 이때는 선선히 80%의 빚을 깎아 주는 데 승낙했다. 이라크에는 그럴 수 있는데 어째서 다른 가난한 나라들에는 안 되는 것일까?

세계에서 빈곤을 없애는 30가지 방법

2006년 10월, 세계 최초로 노르웨이 정부는 '부당한 채무'를 이유로 1970년대에 이집트를 비롯한 5개국에 빌려준 돈을 줄인다고 발표했다. 부채탕감운동은 불쌍한 나라의 빚을 줄여 주자는 것이 아니다. 국제 채무의 실태를 분명히 함으로써 돈을 빌려주는 나라와 빌리는 나라의 책임을 분명히 하자는 것이다. 이것이 남반구 나라들이 북반구 나라들로부터의 외채에 일방적으로 의존하고 북반구 국가들이 모든 것을 결정하는 구조를 바꾸어 가는 첫걸음이 되지 않을까.

오쿠라 준코

17

국제 금융기관은
힘센 나라를 위해 일한다

국제 채무의 세계는 무법 지대

2006년 4월, 지나치게 높은 이자와 강압적인 빚 독촉을 이유로 대부업체 '아이풀'에 영업정지 처분이 내려졌다. 채무자의 상환 능력을 넘어서는 대부와 협박에 가까운 빚 독촉을 법이 문제 삼은 것이다. 정해진 수준을 넘어서는 높은 이자는 당연히 무효가 된다. 또 만약 빚을 갚을 수 없게 된다 하더라도 모든 재산을 몰수당하지는 않는다. 생활에 필요한 부분은 보호를 받는 것이다. 장기를 팔아서라도 빚을 갚으라고 협박하는 대부업체는 당연히 법의 처벌을 받는다.

이처럼 일본은 돈을 빌려주는 쪽에 대해서도 일정한 책임을 요구하고 있지만, 세계에는 무슨 일이 있어도, 아무리 많은 사람이 죽어 나가도 갚지 않으면 안 되는 빚이 있다. 가난한 나라가 부유한 나라나 국제 금융기관(세계은행, 국제통화기금 들)에 진 빚이 그것이다.

개발도상국의 빚 문제는 서방국가들의 은행이나 부유한 나라들이 전제 정권이 많은 개발도상국에 많은 '개발' 자금을 빌려준 것에서 시작한다. 그런데 1970년대 들어 미국이 갑자기 금리를 올리고 개발도상국의 유일한 수출품인 원료(1차 생산물, 즉 농산물이나 광산자원)의 수출 가격이 급격히 내려가면서 개발도상국의 고통이 시작되었다. 이자 때문에 빚은 계속 늘어나는데 아무리 수출해도 수입은 줄어든다. 그래서 다시 빚을 얻어야 하고, 이번에는 국가 신용도가 낮아졌기 때문에 높은 이자를 물어야만 하는 것이다.

국제사회에는 '파산'이라는 제도가 없다. 국가가 빚 때문에 어찌할 수 없는 처지가 되어도 법으로 도움받을 방법이 전혀 없는 것이다. 부당한 빚이므로 무효라고 판정해 주거나, 채무국이 더는 갚을 능력이 없으므로 빚을 줄여 주라고 중립적인 입장에서 중재해 주는 곳도 없다. 그러면 어떤 일이 일어날까. 힘센 자의 주장만이 통하게 되는 것이다.

가난한 나라를 수렁에 빠뜨리는 구조 조정 정책

1982년 멕시코는 채권국에 더는 돈을 갚을 수 없다는 채무불이행 선언을 하려 했다. 당시 민간은행이 중심이던 채권자 쪽은 멕시코에 이어 다른 나라들도 채무불이행을 선언할까 두려운 나머지 국제통화기금IMF이라는 국제기관에 사태의 해결을 호소했다.

국제통화기금은 빚을 갚을 수 없는 나라들에게 절대 채무불이행을 선언하지는 말라고 부탁하면서 우선 위기에서 벗어날 수 있는 돈을 빌려주는 대신(구제금융) 국제통화기금이 정한 경제정책을 펴게 했다. 이때 빌려준 돈은 거의가 공적 자금, 즉 주로 세금으로 만든 자금이었다. 채무국은 그 돈으로 민간은행에 빌린 빚을 갚았다. 실상은 가난한 나라를 도와준 것이 아니라 세금으로 민간은행을 도와준 것이다. 국제통화기금이 편 이 경제정책을 '구조 조정 정책'이라 하는데, 역사도 문화도, 정치도 경제 규모도 서로 다른 개발도상국에 이상하게도 똑같은 내용이 적용되었다.

- 상품작물(커피, 코코아, 사탕 들)의 수출을 중심으로 하는 경제를 만든다. 수출을 늘리기 위해 통화가치를 평가절하한다. 예를 들어 일본이 엔화를 평가절하하면 '엔저'가 되어 수출품은 비싸서 사기 어려워지는 반면, 수출품은 값이 떨어져 많이 팔리기 때문에 무역 흑자가 생겨난다. 그 돈으로 빚을 갚게 한다.

- 정부의 지출을 줄이기 위해 교육, 의료 · 보건 예산을 줄인다. 식량 보조금이나 농업 보조금을 없애고 공공기업을 민간에 판다. 그 돈으로 빚을 갚게 한다.

- 해외 투자를 통해 경제의 효율성을 높이기 위해 해외 기업으로부터 자본이 자유롭게 들어올 수 있게 하고, 그 기업이 이익을 본국으로 자유롭게 가져갈 수 있게 한다. 동시에 금리를 높여 해외 투자가들에게 매력적인 환경을 만든다.

파리클럽(국제 채권국 모임) 회장 앞에서의 퍼포먼스. 채권국 집단 (19개국)이 채무국 1개국과 시합을 벌인다.

　이런 정책의 목적은 채무국이 외화(달러나 엔 등 해외의 힘센 돈)를 벌어 빚을 문제없이 갚게 하는 것이다. 그 결과는 어떨까. 빵과 기름 값, 교통비가 폭등하고, 학교와 병원이 유료화되었다. 소규모 농가들은 보조금이 끊기고 높은 이자 때문에 돈을 빌릴 수도 없어 도시의 빈민촌으로 갈 수밖에 없게 되었다. 식량을 자급하던 나라의 대다수가 수입국으로 전락해 가난한 사람들은 식료품조차 살 수 없게 되었다. 목재나 광물자원이 마구잡이로 개발되어 숲에서 살아가는 사람들의 생활이 파괴되었다. 수많은 공무원이 해고되어 실업이 늘어났다. 수도 사업이 다국적기업에 팔려 수도 요금이 폭등하는 한편 깨끗한 물이 제대로 공급되지 않는 경우가 늘어났다.

　한편으로 원료의 종류는 많지 않은데 몇 십 개나 되는 나라가 같은 품목을 수출하기 때문에 수출 가격이 폭락하고 말았다. 생산량을 줄여서 가격을 올리면 되지만, 빚을 갚기 위해 생산을 늘려서 적자를 메우려 했기 때문에 가격은 계속 내려가게 되었다. 구조 조정 정책 때문에 빚을 갚기가 점점 더 어려워진 것이다. 그 모자라는 만큼은 결국 가난한 사람들의 부담으로 메워지게 되었다.

세계에서 빈곤을 없애는 30가지 방법

괴롭힘을 당하던 채무국이 마침내 채권국에 레드카드를 준다. (촬영: Julien Chatelin)

1980년에는 전 세계에 5억 명(9명에 1명꼴)이었던 절대적으로 가난한 사람들이 지금은 12억 명(5명에 1명꼴)으로 늘어났다. 그동안 대부분의 나라에서는 평균수명이 늘어났지만 아프리카를 중심으로 한 채무국 18개 나라에서는 오히려 줄어들었다. 그 가운데는 평균수명이 40세도 채 되지 않는 나라마저 있다. 유니세프의 추산으로는 5세 이하의 아이들이 가난 때문에 3초에 1명꼴로 죽어가고 있다고 한다. 세계적인 차원에서도, 또 각 나라 안에서도 빈부 차이가 커지고 있다. 빈곤은 '채무에 의한 대량 학살(제노사이드 genocide)'이라 일컬어진다. 채무는 지뢰나 천재지변과 달리 눈에 보이지 않지만, 분명 많은 사람의 목숨을 빼앗고 있는 것이다.

누구를 위한 정책인가

구조 조정 정책은 이처럼 많은 문제를 일으키면서도 20년 넘게 원조나 부채 삭감의 조건으로서 개발도상국에 강제되어 왔다. 그럼에도 개발도상국은 지금도 빚에 짓눌려 허덕인다. 한편 선진국은 원재료를 싼값에 수입하고, 다국적기업은 '개발원조'로 만들어

진 개발도상국의 '자유무역지구'에서 면세 혜택을 받으면서 개발
도상국 사람들을 혹사하고 있다. 노동조합을 세우는 것마저 금지
되어 있다. 나아가 개발도상국의 금융시장에서는 선진국 투자가
들이 도박하듯 투자해 경제를 혼란시키고 있다. 무엇보다 이해할
수 없는 것은, 가장 생산적이지 않은 분야인 군사비를 줄이는 것이
최근까지도 구조 조정 정책에 들어간 적이 없다는 사실이다. 이것
은 미국, 영국, 프랑스가 전 세계 무기의 70%를 수출하는 현실과
관계가 있을 것이다.

국제사회에서 채무국의 입장은 약하기 짝이 없다. 국제통화기
금의 권고를 어기고 국내 상황을 먼저 생각하는 정책을 펴서 국제
적으로 고립되어 몇 개월 만에 그 정책을 포기할 수밖에 없었던
나라도 있다. 세계은행과 국제통화기금은 1999년부터 빚을 줄여
주는 대신 빈곤을 없애는 계획을 추진하도록 규정했지만, 그 실제
내용은 경제 자유화를 중심으로 하는 구조 조정 정책과 전혀 다르
지 않다는 비판이 남반구 NGO들로부터 제기되고 있다. 빚이 줄
어서 생긴 자금도 세계은행과 국제통화기금의 지시대로 쓸 수밖

에 없게 되었다.

문제는 선진국들이 어떤 빚을 어떤 조건으로 얼마나 줄일 것인가를 일방적으로 정하는 데 있다. 그들에게 채무 문제의 해결이란 어디까지나 '어떻게 하면 가능한 한 더 많이 갚을 수 있게 할 것인가?' 하는 것이다. 지금의 빈곤을 없애기 위해 어느 정도로 빚을 줄여 주는 것이 필요한지를 생각하는 NGO와는 전혀 반대인 것이다. 빚을 갚는 데 들어가는 자금을 가난한 사람들에게 돌려주기 위해서는, 채무국의 정부와 시민들뿐 아니라 채권자인 선진국 시민들의 운동 또한 없어서는 안 된다. 세계의 절반을 차지하는 개발도상국의 환경 파괴와 불황은 선진국에도 커다란 영향을 미친다. 채무 문제의 해결은 세계적인 규모에서 지속 가능한 삶의 방식을 실현하는 것과도 이어져 있는 것이다.

오쿠라 준코

18

어린이 노숙자가
되어 보자

차가운 콘크리트

말 그대로 길거리에서 생활하면서 범죄와 질병, 생명의 위협에
노출된 어린이 노숙자가 전 세계에 1억 명 가까이 있다고 한다.
길거리에서 먹고 자는 생활이란 어떤 것일까. 보통 사람들은 좀처
럼 실감할 수 없을 것이다.

내가 담임을 맡은 초등학교 6학년 아이들은 어린이 노숙자에
대해 조사해 보고 그 비참한 생활에 놀라 원조 활동을 시작했다.
그 과정에서 반 아이들이 "우리도 그 아이들과 똑같이 노숙을 해
보자."는 의견을 냈다. 이 기발한 발상에 찬성과 반대로 의견이 나
뉘었다.

초여름이라고는 해도 나가노 현의 밤은 쌀쌀하다. 아이들의 건
강 상태도 가지가지다. 노숙을 하다 병에 걸리는 아이라도 생기면,

혹시 사건에 휘말리기라도 하면 어떡할까. 상식적으로 생각하면 무모한 계획이었다. 보호자와 학교 관계자 사이에서도 불안해하는 목소리가 많았다. 담임인 나도 망설였다.

실은 그 무렵 내 마음속에는 어떤 갈등이 있었다. 우리는 해외의 빈곤 문제와 어떻게 하면 대등하게 마주할 수 있을까. 불편할 것 없는 선진국의 생활 속에서 하는 원조 활동이란 어쩌면 '여유 있는 자의 자기만족'은 아닐까…… 그런 무언가 떳떳하지 못한 감정을 느끼고 있었다. 어쩌면 아이들 역시 그랬는지도 모른다. 아이들과 나는 한번 해 보기로 했다.

옥신각신하며 학급 토론을 거듭한 결과, 우리는 6월부터 '학교 2층 야외 복도에서 골판지와 담요만 가지고 잔다.' '식사는 아침과 저녁에 식빵 한 장과 물만으로 한다.'는 방침을 세웠다. 필요한 물건을 구하는 방법도 보다 현실에 가깝게 하기 위해 '그날 저녁에 모은 알루미늄 깡통을 팔아서 산다.'는, 굳이 불안한 방법을 골랐다.

또한 논의 도중 33명의 학생들 가운데 12명은 어린이 노숙자가 실제로 느끼는 감정에 보다 더 가까이 다가가기 위해 식빵도 먹지 않겠다고 스스로 결정했다.

드디어 당일 저녁. 빵을 먹거나 잘 준비를 하거나 하는 동안에는 아직 조금은 떠들썩했다. 하지만 막상 잠자리에 들자, 6월이라고는 해도 골판지 아래 콘크리트의 딱딱함과 바깥 공기의 차가운 기운이 서서히 아이들의 몸에 전해졌다. 잠이 오지 않는지 몇 번이

어린이 노숙자 체험을 하는 미노와추부箕輪中部 초등학교 6학년 4반 아이들. 침구는 골판지와 모포. 식사는 아침저녁으로 식빵 1장과 물뿐. 아예 아무것도 먹지 않은 아이도 있었다.(2004년 6월)

고 몸을 뒤척이거나 잠들었다가도 금방 깨어나는 아이들의 얼굴에는 처음의 들뜬 표정이 점차 사라져 갔다.

다음 날 아침, 피곤한 얼굴로 일어난 아이들이 한 말은 이랬다. "아프다, 춥다, 잠을 못 잤다.""겨우 식빵 한 장이 이렇게 맛있을 줄 몰랐다.""이불이 이렇게 좋은 것인지 몰랐다.""춥고 무서웠다. 집에 돌아가고 싶었다. 그런데 돌아갈 집이 없다면…….""계속 이렇게 지내면 병에 걸려서 죽을 것 같다. 여기보다 위험한 데서 잔다니 믿어지지 않는다."

이 체험을 마친 아이들에게 어떤 변화가 나타났다. 지원 비용 마련을 위해 알루미늄 깡통을 모으는 일에 그전까지 40분 만에 지쳐 떨어졌던 아이들이 이 체험 뒤로는 전혀 약한 소리를 하지 않게 된 것이다. 하룻밤도 그렇게 힘든데 매일 그런 생활을 하는 아이들을 위해서 하는 일에 엄살을 피워서는 안 된다고 생각한 것이다.

두 가지 교훈을 얻다

이 체험에서 나는 두 가지 교훈을 얻었다.

　하나는 망설이지 말고 마음먹은 대로 실행해야 한다는 것이다. 그만한 행동력이 아니면 선진국에 사는 우리가 그들과 마주하기란 불가능할지도 모른다.

　불안하고 걱정이 될지도 모른다. 하지만 용기를 내서 해 보면 일은 뜻밖에 쉽게 풀릴 수 있다. 노숙 체험을 한 아이들은 전혀 건강을 해치지 않았다. 아이들에게 그만한 정신력이 생겨났기 때문이다. 이 체험은 아이들에게 자신감과 함께 어린이 노숙자 원조 활동에 대한 의욕을 불어넣어 주었다. 그 결과 2년 동안 여러 가지 활동과 기부를 통해 16만 엔(약 128만 원)을 모아 커다란 종이 상자 26개에 옷을 담아 보낼 수 있었다.

　그 뒤 옮겨 간 학교에서 5학년을 맡은 6월, 후지텔레비전이 〈세계가 만일 100명의 마을이라면〉이라는 프로그램에서 아동노동에 대해 방영했다. 이것을 계기로 '노동 체험'을 꾸미게 되었다. 가족을 위해 분진이 가득한 탄광에서 8시간을 일하는 열 살 난 남아메리카 아이들의 영상을 본 아이들은, 자신과는 너무나도 다른 생활에 놀라며 자신들도 일하는 것이 어떤 것인지 한번 겪어 보고 싶다고 했다.

가까운 공공시설에서 노동 체험을 한 아이들의 감상은 "힘들다!" "화면으로 보는 것과는 엄청 다르다." "매일 이렇게 8시간을 일하는 아이들이 있다니 믿어지지 않는다."는 것이었다. 이 노동체험은 〈치쿠시 데쓰야 NEWS23〉이라는 프로그램에서 특집으로 보도되기도 했다. 아이들은 그 체험에서 얻은 힘으로 현지의 자원봉사자를 초청해 학급 강연회를 열기도 했다.

두 번째는, 정보를 최대한으로 활용해야 한다는 것이다. 노숙체험 후 NGO에서 일하는 어떤 분이 'ap bank'•의 존재와 미스터 칠드런Mr. Children의 〈누구를 위해〉라는 곡을 가르쳐 주었다. 세계의 불합리한 구조와 빈곤에 대해 생각하게 하는 내용의 노래였다. 나는 아이들과 이 곡의 콘서트 DVD를 보았다.

아이들은 "DVD를 보고 감동했다. 멤버들이 하나가 되어 외쳤다. 어린이 노숙자도 굶주리는 아이들도, 어른들이 한 일의 피해자라고 생각한다. DVD 인터뷰에서 사쿠라이 씨가 자신의 생각을 말하는 것을 보고 대단하다고 느꼈다. 어른에게는 기대할 수 없다는 생각을 바꾸었다. 어른들도 올바른 사람이 많이 있다는 것을 알았다."고 말했다. 음악이 가진 힘으로부터 거의 모두가 충격과 함

• 작곡가 사카모토 류이치, 미스터 칠드런이란 밴드의 사쿠라이 카즈토시 그리고 음악 프로듀서 코바야시 타카시가 주축이 되어 설립한 금융 NPO. 자연 에너지 보급과 환경보호 사업을 하는 기업이나 개인에게 저금리 융자를 지원한다. 자금을 모으고 환경 캠페인을 하기 위해 여러 뮤지션들과 공연을 하기도 한다.

께 용기와 의욕을 얻어, 역시 활동에 대한 의욕을 키우게 되었다.

2005년 지금의 학교로 왔을 때, 5학년 수학여행이 계획되어 대강의 여행 일정이 세워져 있었다. 그런데 3월에 '아이치만국박람회'가 시작되어 박람회도 일정에 포함할지 말지를 결정하기 위해 동료 교사와 미리 가보았다. 우연히 들어간 프랑스관에서 빈곤 문제를 다룬 영상을 보았다. 노숙자 아이들이 울면서 "나는 더러워서 아무도 좋아해 주지 않아요."라고 하는 것을 보고는 나도 눈물이 났다. 이것을 아이들에게 보여 주어야겠다고 생각했고 동료 교사들과 상의해 여행 계획을 바꿨다. 박람회장에서 이 영상을 본 아이들도 충격을 받아 활동에 대한 의욕을 다지게 되었다.

내가 담임을 맡은 두 반에서는 이런 활동들을 하는 가운데 아이들이 서로를 믿고 뭉치게 되었다. 물질에 휩쓸리기 쉬운 선진국에서 다른 사람을 돕는 일은 곧 우리 자신을 구하는 일이기도 할 것이다. 우리가 스스로의 인식과 감각을 '현실'에 가깝게 하는 가장 좋은 방법은 분명 현지에 가서 그 사람들과 같은 체험을 하는 것이다. 그러나 그것이 힘들다고 해서 단념해서는 안 된다. 자신의 환경 속에서 할 수 있는 것을 찾고, 결심하고, 해 봄으로써 우리는 분명 그 사람들이 살아가는 현실을 이해할 수 있을 것이라고 나는 확신한다.

하라 이쿠오

19

인구가 증가하는
진짜 이유는 따로 있다

WOrk

나눔의 문화

말레이시아 사라왁 주의 원주민 마을에 처음 머물렀을 때의 일이다. 잠시 외출했다 돌아오니 롱하우스(기다란 모양의 커다란 공동주택)의 탁자 위에 놓아두었던 과자가 없어진 것이었다. 동료들 가운데 누군가가 "이 마을 사람들은 겉으로는 착해 보였는데, 사실은 모두 도둑이었어." 하고 말했다. 그러나 그들은 우리를 가족처럼 따뜻하게 맞이하고 마을에 있는 술을 전부 모아서 우리를 대접해 주기까지 했다. 숙박비도 요구하지 않았다. 그런 그들이 도둑이라고는 아무래도 믿을 수가 없었다. 우리가 받은 환대가 과자보다 훨씬 비싼 것이었기 때문이다.

일본에 돌아온 후 사라왁에 대해 잘 아는 사람을 수소문해 보았다. 그래서 만난 것이 이 책의 엮은이 가운데 한 사람인 가시다 히데키 씨였다. 그는, 어쩌면 그들은 주는 사람이 큰소리치는 선진국 같은 문화가 아니라 반대로 받는 쪽이 큰소리치는 문화가 아니겠느냐는 이야기를 했다. 실제로 그들은 선물을 받을 때 기뻐하는 내색을 거의 하지 않았다. 일본에서도 명절 선물 따위를 받을 때 정말로 싫어하는 사람이 있지만, 그들에게 선물을 받는다는 것은 상대에게 약한 모습을 보이는 것과 같이 자신이 상하 관계의 아래쪽에 있음을 뜻하는 행위가 아닐까 하는 느낌을 받기도 했다. 히데키 씨의 말은 그런 짐작과도 들어맞는 것이었다. 그들의 관점에서는 모든 것을 서로 공유하는 것이 자연스러운 일이기 때문에 새삼스럽게 무언가를 주고받는 것은 이상했다. 그래서 탁자 위에 놓아둔 과자를 아무 거리낌 없이 가져갔던 것이다.

그들은 아무리 적은 물건도 서로 나누고 한 사람이 독점하지 않는다. 그것은 손님에 대해서도 마찬가지다. 그들의 사고방식으로는 공적인 장소인 탁자 위에 놓인 과자는 아무렇지 않게 가져갈 수 있는 공유물이었다. 우리가 '도둑질'이라고 느꼈던 그 행위는 거꾸로 우리를 한 가족으로 받아들이는 배려의 마음씨였던 것이다.

그들에게 필요한 것은 피임법과 교육이다?

이와 마찬가지로, 우리의 '상식'을 기준으로 판단하는 데서 생기는 오해가 인구문제에도 뿌리 깊게 남아 있다. 생산량은 늘어나지 않는데 인구가 계속 늘어나는 것이 가난의 원인이라는 관점 말이다.

세계에서 빈곤을 없애는 30가지 방법

　예를 들어 '국제연합인구기금^{UNFPA}'이 발표한 〈세계인구현황
보고서 1994〉는 "개발도상국에서는 급속한 인구 증가와 빈곤이,
선진국에서는 자원의 대량 소비와 쓰레기의 증가가 환경을 압박
하는 주요 원인이다."라고 지적한다. 즉 개발도상국에서는 '맬서
스 인구론'과 마찬가지로 '생산은 산술급수적으로 증가하는데 인
구는 기하급수적으로 증가'하기 때문에, 생산이 이를 따라가지 못
해 빈곤이 심화된다는 것이다. 따라서 개발도상국 사람들에게 먼
저 필요한 것은 '피임법'과 '교육'이라는 결론이 나온다. 뒤집어
말하면, '개발도상국 사람들은 교육을 받지 못해 피임법을 모르고
섹스를 즐기기 때문에 그 결과로 인구 증가가 일어난다.'는 말과
다르지 않다.

　또한 인구 증가에 대처하기 위해서는 식량이나 깨끗한 물 들을
지원해 주어야 한다고 한다. 누가? 선진국이 말이다. 실제로 〈세
계인구현황보고서 1996〉은 "특히 세계에서 가장 가난한 나라, 여
성 차별이 가장 심한 나라, 인구 압력이 가장 심한 나라에 대해서

필리핀의 나보타스 주변의 개발 때문에 사람들이 쫓겨나고 있다. 어업으로 생계를 잇는 그들에게 보상으로 주어진 땅은 버스로 3시간이나 걸리는 산 위에 있다. 여기에도 일본의 정부개발원조가 개입되어 있다.

는 외국의 지원 없이 자국의 노력만으로는 확실한 대처가 불가능하다."고 진단한다. 나아가 '가난한 사람에게 물고기를 잡아 주기보다 물고기를 잡는 법을 가르쳐 주어야 한다. 그래야 그들 스스로 살아갈 수가 있다.'는 교훈을 따라 단순히 물건을 주기만 하는 지원이 아니라 생산을 위한 도구가 주어졌다. 그것이 도로와 발전소, 댐 등 이른바 개발 기반 시설이다. 이처럼 인구문제를 해결하기 위해서는 선진국의 개발 지원이 필요하다는 생각이 일반적이다.

그런데 만약 인구문제의 원인에 대한 인식이 잘못되었다면 어떨까. 인구가 증가하고 있는 나라의 90% 이상은 개발도상국이다. 그러나 인구가 늘고 있는 것은 그 가운데에서도 '토지 없는 도시 주민'인 빈민촌 주민들이며, 그들의 40% 이상이 지방에서 살아갈 수 없어 도시로 옮겨 간 것이라는 분석이 있다. 왜 태어나 자란 곳에서 살 수 없게 된 것일까? 세계은행이 발표한 〈비자발적 이주(강제 퇴거 따위를 말한다)에 관한 보고〉는 지난 10년 동안 세계은행이 추진한 댐과 농장 개발로 강제 퇴거자가 200만 명이나 생겨난 것으로 추정한다. 세계은행은 "그러나 이 수치는 그 나라의 자체적

세계에서 빈곤을 없애는 30가지 방법

사람들이 쫓겨난 뒤에 남은 건물의 폐허.

인 개발에 의해 쫓겨난 사람들 수의 3%에 지나지 않는다."고 밝힌
다. 즉 그 나라 스스로의 개발을 포함하면 겨우 10년 사이에 6,667
만 명이 살던 곳에서 쫓겨났다는 계산이 된다. 더구나 세계은행 스
스로의 보고에 따르면, 그렇게 쫓겨난 사람들은 대부분 그 뒤에 충
분한 보상을 받지 못했다고 한다. 세계은행이 생긴 지 60년이 지
났으므로, 단순히 계산하면 4억 명이나 되는 사람들이 충분한 보
상을 받지 못한 채 자신의 땅에서 쫓겨난 것이다.

인구 증가는 개발의 결과

도시 빈민촌에 자리 잡았다 해도 누구나 도시의 회사에 고용되
는 것은 아니다. 회사에서 일하기 위해서는 그에 맞는 학력이 필요
하다. 그래서 많은 빈민촌 주민들이 관광객에게 기념품을 팔거나,
구두닦이를 하거나, 신호 대기 중인 자동차의 유리를 닦거나, 주차
공간을 확보해 팁을 받거나 해서 생활을 꾸려 간다. 이런 일은 사
람 수가 많을수록 수입이 늘어나는 특성이 있다.

그들의 생활을 그들의 입장에서 한번 생각해 보자. 혼자 살면

집세나 식비를 버는 데만도 힘이 부치게 마련이다. 가정을 이루고 안정된 생활을 꾸리기 위해서는 수입을 늘리고 지출을 줄여야 한다. 생활비 지출은 가족이 늘어난다고 해서 똑같이 늘어나지는 않으므로, 아이를 많이 낳아 일할 수 있는 사람을 늘리는 것이 좋은 방법이다. 그러니까 도시 빈민촌에서 안정적으로 생활하기 위해서는 자녀들을 늘릴 수밖에 없는 것이다. 그러나 도시 자체가 소비의 장이므로 그 생활은 지속 가능하지 않다. 그들의 빈곤을 해결하는 방법은 빈민촌 주민들이 지역으로 돌아가 농사를 지어 생계를 꾸려 가도록 하는 것이다. 아니, 그보다 중요한 것은 지금 당장 지역에서 생활하고 있는 사람들을 개발 때문에 내쫓지 않는 것이다.

지역의 농가가 살아갈 수 없게 되는 가장 큰 이유는 농산물의 가격 붕괴에 있다. '원조'와 '경제의 세계화' 때문에 전 세계에서 비정상적으로 싼 상품들이 밀려들었다. 자급률이 높은 나라의 농산물은 사실 남는 것이므로 아무리 싼 가격으로 수출해도 상관없다. 그러나 그것이 가난한 지역의 농가가 1년 걸려 생산한 농작물과 시장에서 맞붙는 것이다.

개발을 통해 인구문제의 원인을 만들어 낸 사람들은 이제 '인구문제를 해결하기 위한 개발'을 주장한다. 피해를 입은 사람들은 마치 그들이 잘못하기라도 한 것처럼 '교육을 받지 않았기 때문'이라는 말을 듣는다. 이것은 오해다. 우리는 그들을 도둑이라고 부르기 전에 그들의 삶에 공감할 필요가 있다. 그러지 않으면 언제까지나 문제를 해결한다면서 오히려 사태를 악화시킬 것이기 때문이다. 그들을 탓하기에 앞서, 우리가 오만하지 않은지 돌아보아야 한다.

다나카 유

20

만약 의료 혜택이 없는
나라에 태어난다면

먼 미래보다 오늘의 빚을 선택하는 나라들

2001년에 만난, 케냐의 수도 나이로비에서 일하는 의사는 케냐에서 가장 큰 병원의 상황을 이렇게 말했다. "수용할 수 없을 만큼 많은 환자들이 몰려들어 침대 하나에 세 사람이 누워 있는 형편이다. 치료하려고 노력은 하지만 이 나라에는 외화가 없다. 선반에는 필요한 약이 하나도 없다." 케냐는 세계에서도 특별히 가난한 나라(후발 개발도상국, LLDC)◦다. 일본은 케냐에 대해 거액의 채권을 가지고 있다.

2000년, 일본은 쾰른 정상회담에서 '중채무빈곤국HIPC'◦◦ 40개

◦ 1971년 국제연합 총회에서의 정의는 1)1인당 국내총생산 100달러 미만, 2)국내총생산 가운데 제조업의 비율이 10% 이하, 3)식자율 20% 이하의 나라이다.

나라에 대한 약 9,000억 엔(약 7조 3,000억 원)의 정부개발원조 채권 가운데 약 4,000억 엔(약 3조 2,000억 원)을 포기할 것을 약속했다. 하지만 케냐, 미얀마, 베트남, 가나에 대한 채권은 포기하지 않았다. 미얀마는 '민주화가 진행되고 있기 때문', 다른 나라는 '경제적 이유' 때문이었다. 채권을 포기하지 않는 '경제적 이유'란 대체 무엇일까.

케냐의 담당관은 일본 대사관 직원이 "만약 채무 포기를 받아들인다면 지금 제공하고 있는 한 해 7,000만 달러(약 700억 원)의 차관을 더는 줄 수 없다. 무상 증여도 마찬가지다."고 했으며, 덧붙여 이 '협박'을 절대 공개하지 말 것을 요구했다고 한다. 가나는 세계은행과 국제통화기금의 '채무 포기 기준'에 이르러 있었지만, 채무 면제가 실행되는 데는 3년이 걸리는 데다 빚이라고는 해도 차관은 금방 돈이 손에 들어오기 때문에 미래의 채무 포기보다 오늘의 빚을 택했다. 현재 볼리비아는 채무 포기 대상국이 된 1996년 이후로 아주 일부의 예외를 빼고는 일본으로부터 차관 공여가 중지된 채 앞서 진 빚을 갚으라는 요구에 시달리고 있다.

제일 먼저 무너지는 것은 의료 체계

빚을 진 나라에는 세계은행과 국제통화기금의 '구조 조정 프로

●● 세계은행과 국제통화기금이 주장한 채무 구제 계획의 대상국. 2000년 기준 40개 나라에 이르렀다.

케냐의 빈민촌. 대다수의 사람들
은 평생 병원에서 치료를 받은 적
이 없다. (촬영: 가시다 히데키)

그램'이 강제된다. 이것은 개발도상국의 제도와 구조를 바꾸어 잘
사는 나라에 빚을 갚게 하는 계획이다. 케냐에서는 이 구조 조정에
의해 보건소의 외래환자에게 33센트의 요금을 받는 규정이 생겼
다. 환자에게 적정한 요금을 받아 '재정'을 바로잡으라는 것이다.
그 결과 외래환자가 52%나 줄었다. 그 뒤 다시 보건소가 무료가
되자 외래환자는 다시 41% 늘어났다. 구조 조정 프로그램의 결과
인지, 케냐에서는 1990년과 1997년을 비교하면 새로 태어난 인구
의 기대수명이 60년에서 54년으로 짧아지고, 유아 사망률은 68명
에서 74명으로 늘어났다. 성인 문맹률은 1990년과 1995년을 비
교했을 때 31%에서 22%로 내려갔다. 뿐만 아니라 케냐에서는 약
250만 명이 에이즈에 감염되었으며 해마다 500명 가까운 사람들
이 에이즈 관련 질환으로 사망하는 것으로 추정된다. 실제로 케냐
의 국도를 달리다 보면 맹렬한 속도로 앞질러 가는 영구차의 행렬
과 몇 번이나 마주친다.

의료비는 복지, 교육비와 함께 가장 깎이기 쉬운 예산이다. 그
때문에 우리가 아무렇지도 않게 받는 의료 혜택조차 개발도상국

에서는 좀처럼 받을 수 없다. 운 좋게 입원할 수 있다 해도 병원에는 의약품이 없다. 침대도 설비도 모자라고 의사나 간호사 같은 의료인도 모자라다. 나라의 빚을 갚는 것이 먼저라고 여긴 나머지, 사람들의 '목숨'을 희생해 빚을 갚고 있는 것이다. 그리고 거기에 구조적인 피해가 더해진다.

의사가 사라진 섬

일본의 도시와 지방 사이의 의료 격차 문제를 들어 보자. 특히 차이가 큰 것은 산부인과와 소아과다. 산부인과와 소아과는 쉴 틈이 없는 힘든 일인데도 수입이 많지 않고 오진 소송에 휘말릴 가능성도 높다. 그래서 지망하는 사람이 적으며, 더구나 지방에서 일하려는 의사는 거의 없다. 오키노시마隱岐島에서는 2006년 4월 15일부터 산부인과가 없어졌다. 60명쯤 되는 임산부들은 당장 진찰해 줄 의사가 없어 출산 예정 한 달 전부터 섬을 떠나 본토의 병원에 가야만 했다. 출산은 질병이 아니기 때문에 의료보험의 혜택을 받을 수 없어 많은 돈이 든다. 탈 없이 아이를 낳았다 해도 이번에는 소아과 의사의 신세를 져야 한다. 그러나 섬에는 소아과 의사도 없기 때문에 안심하고 아이를 낳을 수가 없는 것이다.

헌신적인 의사를 많이 길러 내야 한다는 말도 있지만, 돈이 되지 않는데도 헌신적으로 일하는 의사를 바라는 것 자체가 잘못된 생각은 아닐까. 의사가 순전히 자원 봉사자가 될 수 있을까. 생활을 꾸려 나갈 수 없을 정도의 수입으로 하루 종일 고생하고, 나아

가 소송에서 질 수도 있는 위험을 져야 하는 의사가 되기를 누가
바랄 것인가.

선진국으로 떠나는 의료인들

의사를 둘러싼 이런 구조적인 문제가 개발도상국에도 영향을
미치고 있다. 일본은 외국인 노동자를 받아들이는 데 폐쇄적이어
서 아직 그런 예가 적지만, 고령화되고 있는 선진국에서는 의료인
의 수요가 급증해 개발도상국에서 간호사와 의사 들을 들여오는
일이 많다. 개발도상국 쪽에서 보면 '선진국으로의 인력 유출' 현
상이 일어나고 있는 것이다.

2006년 4월 '세계보건기구(WHO)'가 발표한 〈세계보건보고
2006〉에 따르면, "서남아시아 또는 남아프리카를 중심으로 한 57
개 나라에 의료인이 430만 명 부족하다". 사하라 남쪽의 아프리카
나라들이 그 57개 나라 가운데 36개를 차지한다. 아시아 태평양
지역에서는 인도와 파키스탄, 미얀마 등 9개 나라가 의료인 부족
에 시달리고 있다. 의사와 간호사, 조산사만 해도 57개 나라에서
총236만 명이 모자라며, 전 세계에서도 13억 명이 기초적인 의료
혜택을 받지 못한 채 방치되어 있다.

"사하라 남쪽 10개 나라에는 교육받은 의사가 10만 명 가까이
되지만, 그 가운데 2만 명가량이 영어권을 중심으로 한 선진국으
로 빠져나갔다."고 보고서는 밝힌다. 의사 한 사람을 길러 내는 데
는 엄청난 돈이 든다. 그러나 겨우 길러 낸 의사가 그 나라에서 일

하지 않고 선진국으로 나가 버리는 것이다. 의사 입장에서 생각하면, 자신의 기술이 돈이 될 수 있을지 알 수 없는 불안정한 직장 대신 높은 수입이 보장되고 전문 지식을 얻을 수 있는 선진국을 택하는 것은 당연할지도 모른다.(일본은 필리핀과 한 정상회담에서 필리핀으로부터 간호사와 복지사를 적극적으로 들여온다는 자유무역협정을 맺었다. 이것을 받아들여, 일본 후생노동성 사무차관은 기자회견에서 필리핀에서 들여오는 간호사들의 수를 2년 안에 총 1,000명으로 한다고 밝혔다. 2006년 9월 11일 NHK 뉴스)

다른 의료 체계가 필요하다

일본국제자원봉사센터는 아프가니스탄 사람들을 위해 전통적인 산파를 길러 내는 사업을 한다. 산부인과 의사를 길러 내진 못하지만, 산파는 출산뿐 아니라 육아까지 도울 수 있기 때문에 큰 효과를 거두고 있다. 또한 NGO인 '가족계획국제협력재단JOICFP'은 방글라데시에서 출산 보조 용품을 나누어 주고 있다. 출산 때 땅에 닿지 않기 위한 비닐 시트나 탯줄을 자르기 위한 깨끗한 가위 들로, 모두 2,600엔(약 20,800원) 정도밖에 되지 않는다. 그것만으로도 출산의 위험을 충분히 피할 수 있다.

수준 높은 의료도 분명 필요하지만, 개발도상국에서 당장 필요하고 정말로 효과가 큰 것은 충실한 예방과 위생이다. 사실 가난한 나라에서 아이들이 죽어 가는 가장 큰 원인은 깨끗하지 못한 환경이며, 가장 효과적인 약은 필수적인 영양과 탈수를 막는 생리식염

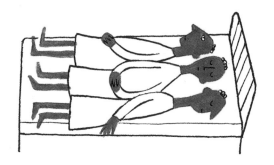

수다.

　지금, 우수한 두뇌가 해외로 빠져나가는 것 때문에 가난한 나라의 의료 체계가 무너지고 있다. 원인은 세계화 속에서 점점 커지는 '경제 격차'다. 각 나라의 경제 격차가 없어지지 않는 한 아이들과 노인, 사회적 약자는 계속 희생될 것이다. 이를 위해 가장 먼저 생각할 숙제는 경제 격차의 해결, 특히 가난한 나라의 빚 문제를 해결하는 것이다.

다나카 유

만약 군사비가
다른 곳에 쓰인다면

2004년 세계는 1조 400억 달러(약 1,040조 원)에 가까운 군사비를 사용했다. 그 가운데 44%가 미국의 예산이었다. 영국, 프랑스, 일본이 뒤를 이었다. 한편 2000년에 열린 국제연합 밀레니엄 정상회의는 세계의 빈곤을 없애기 위해 2015년까지 여덟 가지 목표를 달성한다는 계획을 세웠다. '극심한 빈곤과 기아 퇴치' '보편적 기초 교육 제공' '아동 사망률 감소' '에이즈, 말라리아, 기타 질병과의 전쟁' '개발을 위한 전 세계적 협력 관계 구축'들이 그 내용이다. 〈국제연합밀레니엄프로젝트보고서2004년〉에 따르면, 이 목표를 달성하는 데는 앞으로 480억 달러(약 48조 원), 다시 말해 군사비의 겨우 5%에 해당하는 금액이 든다고 한다.

만약 군사비가 바람직한 세계를 만드는 데 쓰인다면 어디에 얼마만큼의 돈이 필요할까. 그 가운데 몇 가지를 살펴보자.

• 지뢰 제거(330억 달러, 약 33조 원): 세계에는 1억 개 이상의 지뢰가

묻혀 있다. 지뢰 1개를 제거하는 데 드는 비용은 300달러(약 30만 원)가 넘는다. 예를 들어 현재 아프가니스탄에는 1,000만 개 가까운 지뢰가 묻혀 있는데, 이것을 모두 없애기 위해서는 지금의 추세대로라면 10년 넘게 걸린다고 한다.

• 지뢰 피해자를 위한 의족과 휠체어 제작(3억 달러, 약 3,000억 원): 지뢰 때문에 손발을 잃은 사람들이 25만 명 가까이 된다. 뿐만 아니라 전쟁이 끝나도 남은 지뢰 때문에 해마다 2만 5,000명이 다치고 죽고 있다.

• 굶주림으로 고통받는 8억 명을 위한 1년분의 식량(1,000억 달러, 약 100조 원).

• 기초 교육의 제공(60억 달러, 약 6조 원): 무상교육을 하기 위한 건물, 책상, 교과서, 필기용구, 교사 급여 들에 쓰인다.

• 안전한 식수 제공과 하수도 시설 건설(90억 달러, 약 9조 원): 주민 스스로 유지하고 관리할 수 있는 우물과 간편한 상수도 시스템을 만들어야 한다. 하수도를 정비하면 말라리아 같은 열대병은 크게 줄어든다.

• 백신 접종: 개발도상국의 아이들 1명에게 폴리오백신을 1회 접종하는 데 10엔(약 80원)쯤 든다. 전차 1대는 400만 달러(약 40억 원)이다.

• 개발도상국의 대외 채무 탕감(4,000억 달러, 약 400조 원): 군사비의 절반이 안 되는 돈으로 특히 심각한 대외 채무에 시달리는 나라들의 빚을 줄여 줄 수 있다.

• 에이즈 대책(100억 달러, 약 10조 원): 에이즈로 부모를 잃은 '에이즈 고아'가 에티오피아에만 90만 명이 있다.

가시다 히데키

4부

~~~~~

우리의 작은 행동이
세계를 바꾼다

21

하루 2,000원으로 사는 사람들과 함께 지내기

선상 세미나와 현장의 스터디 투어

"남아프리카에서 안 친구와 20년 뒤에 다시 만나기로 약속했습니다. 그때 당당하게 가슴을 펴고 만날 수 있도록 살아가야겠다는 생각을 했습니다."(요코하마의 대학에 다니는 참가자)

그는 남아프리카 케이프타운 가까이의 카엘리차Khayelitsha라는 지역으로 간 스터디 투어에서 그 지역에 사는 사람들을 만나 세계관이 바뀌는 경험을 했다. 그때까지 그는 가난이나 에이즈 문제에 대해 잘 알지 못했다. 그는 그 스터디 투어에 참여하기 전에는 해외여행을 해 본 적도 없고, 그런 문제에 자신이 관여하게 되리라고는 생각조차 하지 않은 그저 보통의 대학생에 지나지 않았다. 그런데 아프리카 사람들과의 만남이 그의 의식을 크게 바꾼 것이다.

피스보트는 세계 일주를 기획하는 NGO다. 하지만 그 여행은 단순한 관광이 목적이 아니다. 피스보트에는 세계를 배우고 '세계를 보다 나은 곳으로 만들기 위한 활동'의 방법을 배우려는 참가자들을 위해 '지구대학'이라는 평화 교육 프로그램이 마련되어 있다. 지구대학은 선상 세미나와 기항지에서의 스터디 투어(익스포저라고도 한다)로 이루어지는 소수제 프로그램으로, 항해 때마다 다른 주제를 다룬다. 공통점은 몸소 체험하며 배운다는 것. 매번 10대 젊은이부터 70대까지 폭넓은 연령층이 참가한다.

2006년 내가 관여한 지구대학의 주제는 '빈곤의 구조와 그 극복을 위하여'였다. 빈곤과 빈부 격차를 낳고 있는 국제금융 시스템과 무역, 국제 원조의 현실을 배우고 가난을 극복하기 위해 노력하는 시민들의 활동을 통해 자신들이 무엇을 할 수 있는지 생각해 보게 하는 프로그램이었다.

사전 학습은 필수

스터디 투어에서는 현지의 NGO나 공동체와의 신뢰 관계를 통해 관광 여행에서는 절대 가지 않는 장소, 절대 만나지 않는 사람들과 만남을 갖는다. 그 현장 체험의 뜻을 살리기 위해 중요한 것이 사전 학습이다. 역사적, 구조적, 사회적인 배경을 모르고서는 현장의 의미도 정확하게 이해할 수 없기 때문이다.

이번 프로그램에서도 세 명의 강사가 선상 세미나를 열었다. 강사는 여러 가지 조건 가운데서도 특히 현장의 시점을 중시해 선정했다. 첫 번째는 조나 고코바Jona Gokova 씨. 아프리카 짐바브웨 출

　　　　　　　　　세계에서 빈곤을 없애는 30가지 방법

홈리스의 자립을 지원하기 위한 잡지 가
두판매 체험.(《The Big Issue》)

신의 활동가로, 남반구 개발도상국의 시점에서 세계은행과 국제통
화기금의 정책, 여러 나라의 대외 채무 상황, 개발원조의 방식과 문
제점에 대해 이야기했다. 두 번째는 오랫동안 아프리카의 에이즈
문제 해결에 노력해 온 의사인 하야시 다쓰오林達雄 씨. '내버려둘수
없는세계의빈곤' 운동에서 중심적인 역할을 해 온 분이다. 세 번째
는 남아프리카에 살면서 20년 동안 NGO 활동을 해 온 후쿠시마
고신福島康眞 씨. 누구보다도 남아프리카를 잘 아는 사람이다. 선상
세미나에 참가한 사람들은 빈곤 문제를 낳은 정부와 국제기관의
정책, 그리고 이러한 문제를 해결하기 위해 노력하는 세계의 시민
운동에 대해 배운다. 이렇게 빈곤 문제를 머리로 이해하고, 스터디
투어를 통해 빈곤 문제의 '현장'과 '현실'을 알게 되는 것이다.

NGO 방문으로 현지의 젊은이를 만나다

남아프리카의 스터디 투어에서 처음 찾은 NGO 'PPASA'는 케
이프타운에서 가까운 카엘리차 지역의 에이즈 문제와 가정 폭력
문제를 다루는 단체다.

활동가의 안내를 받아 실내에 들어서는데 갑자기 총소리가 들려왔다. 놀란 참가자들 사이에 잠시 긴장이 흘렀다. 알고 보니 이 NGO에서 자원 봉사 활동을 하는 젊은이들이 만든 연극 속의 총소리였다. 그들은 뛰어난 연기력과 가창력으로, 때때로 유머를 섞어 가며 이 지역이 마주한 심각한 현실(범죄, 마약, 에이즈, 가정 폭력 들)과 그에 대한 자신들의 생각을 참가자들에게 전했다.

같은 날, 우리는 에이즈 문제를 말하는 데 빼놓을 수 없는, 감염자 스스로가 운영하는 NGO 'TAC'를 찾았다. TAC는 모든 감염자가 치료약을 얻을 수 있도록 하는 것을 목표로 정부와 제약 회사를 상대로 정치 운동을 크게 벌이고 있다. 에이즈에 걸린 사실을 커밍아웃하고 운동에서 중심적인 역할을 맡아 온 만델라 씨(28세)의 이야기가 끝나자 젊은 여성이 손을 들고 물었다.

"당신이 가장 바라는 것은 무엇인가요? 또 세계에서 가장 바꾸고 싶은 것은 무엇이고, 반대로 바뀌지 않았으면 하는 것은 무엇인가요?"

그는 웃으면서 대답했다. "바라는 것이 있다면, 이 세상에서 배를 주린 채로 잠드는 어린아이가 한 명도 없게 되는 것입니다. 또 바꾸고 싶은 것은, 모든 사람이 신념을 갖고 인생을 살아가게 하는 것입니다. 두려워해야 할 것은 죽음이 아니라 목적 없이 살아가는 것이니까요. 마지막으로 바뀌지 않았으면 하는 것은 다양성입니다. 모두 있어야 할 까닭이 있어서 있는 것이고, 모두 사랑해야 하는 것입니다. 마치 우리의 손가락과 같죠. 다섯 손가락은 모두 다

에이즈 문제에 대해 이야기해 준 만델라
씨(28세).

르지만, 합치면 하나의 손을 이루어 큰 힘을 냅니다."

참가자들의 질문이 이어졌고, 만델라 씨도 처음부터 끝까지 웃
는 얼굴로 대답했다. 자신이 에이즈에 걸렸으면서도 가까운 사람
들에게 용기를 주어 온 만델라 씨. 그런 그의 삶을 생각하자 통역
을 하던 나도 목소리가 떨렸다. 돌아가는 버스 안에서는 참가자들
의 표정도 완전히 달라져 있었다.

NGO 방문 다음은 두세 명으로 나누어진 홈스테이다. 처음에
소개한 요코하마의 대학생은 홈스테이 가족과 함께 그 지역의 선
술집에 갔다가 어떤 청년을 만났다. 또래 사이에 이런저런 가벼운
이야기가 오간 뒤, 그 청년이 그에게 이런 질문을 쏟아 냈다. "빈곤
에 대해 배우고 애써 남아프리카까지 오지 않아도, 아시아에도 빈
곤 문제는 있지 않아? 빈곤을 해결하기 위해서 넌 무엇을 할 생각
이지?" "미국이나 일본 정부의 원조 정책에 대해 일본인들은 어떻
게 생각해?"

제대로 대답할 수가 없어 고개만 숙이고 있는 그에게 청년은 이
렇게 말했다고 한다. "처음 만난 자리에서 그런 질문을 해서 미안

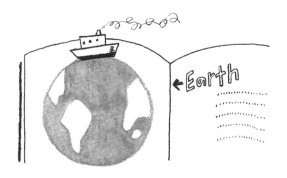

해. 너를 탓할 생각은 없어. 나는 비교적 풍족하게 자란 편이지만, 주위를 둘러보면 답답한 일이 너무 많아. 일본에 돌아가서도 연락해. 20년 뒤에 꼭 다시 한 번 만나자."

스터디 투어에서 돌아와 400명이 넘는 사람들이 모인 선상 보고회에서 그는 이 경험을 소개하며 "당신이라면 어떻게 대답하겠습니까?" 하고 물었다. "남아프리카에서 친구가 된 그와 20년 뒤에 다시 만나기로 약속했습니다. 그때 당당하게 가슴을 펴고 만날 수 있도록 살아가야겠다는 생각을 했습니다." 발표를 마치면서 그는 이렇게 말했다.

'세계'의 문제가 '나'의 문제가 될 때

현장을 아는 것은 현실에 기초한 문제 해결 방법을 찾는 데 꼭 필요하다. 더구나 거기에서 얻을 수 있는 것은 단지 현장을 아는 데에만 그치지 않는다. 예를 들어 이번 스터디 투어에 참가한 사람

세계에서 빈곤을 없애는 30가지 방법

들에게 에이즈 문제는 만델라 씨와 그 동료들이 앞으로 잘 살아갈 수 있을까 하는 관심과 겹치는 문제가 되었다. 단 며칠만이라도 하루 2달러(약 2,000원) 아래로 생활하는 사람들과 함께 지내보는 것은 어떨까. 망설임, 우월감 또는 죄책감, 또는 감동. 솟아오르는 그런 감정과 마주해 보면 어떨까.

다른 사람과의 관계, 세계와의 관계. 그 관계가 만들어질 때, 다른 사람과, 세계와 어떻게 마주할지를 생각할 수 있다. 그리고 그 생각이 자라나 행동으로 이어지는 것이다. 그때부터 나 자신도, 세계도 함께 바뀌기 시작하는 것이다.

모리시타 마이코

22
사람과 사람이 만나는
여행에 답이 있다

맨발의 가비

매끄러운 갈색 피부와 덥수룩한 머리, 흙냄새가 나는 커다란 손발. 타히티의 원주민 가브리엘(그냥 가비라고 부르기도 한다.)은 "알로하셔츠와 밀짚모자에 맨발이 내 최고 정장이야."라며 가슴을 편다.

나는 멋진 가비를 만나기 위해 해마다 피스보트를 타고 타히티에 온다. "뭐든지 마음껏 드세요. 여기 있는 바나나도 망고도 모두의 것이니까요." 홈스테이 가족은 언제나 그렇게 환영해 준다. 돌오븐에 구운 커다란 생선과 타로감자도 별미다. 멀리서 온 손님을 가족처럼 맞아 주는 허물없는 마음 씀씀이에, 찾아오는 사람은 누구나 살이 쪄서 돌아간다.

뉴욕의 국제연합 본부에서 만날 때도, 피스보트 위에서도 가비는 언제나 맨발이다. "왜 맨발이에요?" 가비를 만났을 때 궁금해

2006년 피스보트 해양 워크숍에서.
오른쪽이 가비, 왼쪽이 오노데라.

서 물어보았다. 가비는 잠시 내 얼굴을 쳐다보고는 대답했다.

"그럼, 너는 왜 신발을 신지? 내 땅에서는 인간은 두 개의 얼굴이 있다고 해. 앞을 향한 얼굴과 뒤를 향한 얼굴. 어느 한쪽이 없어도 불완전한 거야. 큰 마을에 사는 사람은 앞만 보고 서구 사람들처럼 행동하는 걸 좋아하지? 하지만 앞만 보지 말고 뒤를 봐야 해. 무슨 말인지 알겠어?"

"맨발이면 강의 흐름을 알 수 있어. 땅의 따뜻함을 알 수 있어. 바람을 느낄 수 있어. 그래서 내 할머니와 할머니의 어머니는 신발을 신지 않았어. 그래서 나도 신발을 신지 않아. 너는 왜 신발을 신지?"

약간의 부끄러움과 함께 남태평양의 사고방식이 내 안에 들어온 순간이었다. 타히티라면 누구나 고갱이 그린 선명한 남국의 색과 향기로운 열대의 꽃들, 수상 코티지와 신혼 부부를 떠올린다. 관광객은 이미 아는 그런 이미지를 '재인식'하기 위해 이곳을 찾고, 그것에 만족한다. 2002년에 타히티에 와서 가비를 만나기 전까지는 나도 그랬다.

세계에서 빈곤을 없애는 30가지 방법

수상 코티지는 싫어

타히티에서 상업적 관광이 본격적으로 시작된 것은 영화 〈전함 바운티〉(말론 브랜도 주연, 1962)가 큰 인기를 얻으면서였다. 모레아 섬과 보라보라 섬에 커다란 휴양지가 세워지고, 돈 없이 잘 살아가던 타히티 사람들 몇몇에게 많은 돈이 흘러들어 갔다. 1980년대 들어 개발에 더욱 박차가 가해져 한 해 22만 명의 관광객이 찾아오게 되었다. 타히티의 인구는 23만 명. 인구가 2배로 늘어나면 섬에서 나는 식량만으로는 모자란다. 결국 식량의 75%를 수입하게 되고, 물가는 타히티 사람들의 손이 닿지 않는 곳까지 올라갔다.

"수상 코티지는 싫어." 가비는 말한다. "저건 타히티의 것이 아니야. 옛날에 바다는 모두의 것이었어. 호텔이 세워지고 나서 원주민은 바닷가를 드나드는 게 금지되고 고기를 잡을 수 없게 되었지. 게다가 보라보라 섬의 수돗물 값은 5년 사이에 4배가 올랐어. 보라보라 섬의 가족은 관광객이 쓰는 호화로운 수영장의 수도 요금까지 부담하고 있는 거야."

관광객이 몰려들어 물가가 오르고, 외국 자본의 호텔이 벌어들이는 돈은 모두 본국으로 보내져 타히티에는 아무것도 남지 않는다. 남은 것은 더러워진 물과 엄청난 쓰레기, 돈이 없으면 살기 어려운 현실뿐이다.

친구가 생기면 관점이 바뀐다

가비라는 선생님이 생기고부터 태평양 섬들에 대한 뉴스에 관

1996년 타히티에 태평양의 동료들이 모였다. 가운데 밀짚모자가 가비.
(사진: Stacy Hughes, PEACEBOAT)

심을 기울이게 되었다. 하지만 일본의 언론에 등장하는 '해외' 뉴스는 대부분 유럽과 미국의 일일 뿐, 지구 표면의 3분의 1을 차지하는 태평양 지역이 다루어지는 일은 거의 없다. 가끔 등장한다고 해도 '낙원'의 이면에 있는 주민들의 실태는 보도되지 않는다.

"타히티의 젊은 남녀들이 맨살을 드러내고 춤추는 걸 보면 가슴이 아파. 춤은 원래 선조들에 대한 존경을 나타내는 것이니까. 하지만 나는 관광업 전부를 반대하는 건 아니야. 가족이 꾸리는 작은 민박에 묵으면 돼. 관광업도 타히티 사람이 주도권을 가진, 지속 가능하고 소규모의 것으로 바뀌어야 해. 일본의 친구들이 피스보트로 마오히 마을을 찾아오는 건 좋아. 언제든 환영해."

가비는 대형 관광 여행의 실태를 알고 낙심한 피스보트 참가자를 그렇게 격려했다. 그리고 당연하다는 듯 날마다 묵묵히 타로감자와 야자나무를 심는다. 자립 경제를 주장하고 3세대 뒤를 위해 바다와 계곡을 대기업과 환경 파괴로부터 지키는 이야기를 하면서, 언제나 '지금 여기'에서 무엇을 해야 하는가를 생각하고 실천하는 것이다.

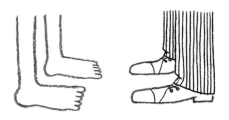

"태평양의 그런 가치관은 정말 멋지네요." 하고 동경 섞인 눈길로 감탄하자, 가비는 타로감자를 거두던 손을 잠시 쉬고 나를 물끄러미 바라보며 말했다. "일본 열도는 아시아의 한 나라이기 훨씬 전부터 태평양의 한 섬이었어. 우리는 함께 미래를 만드는 동료야. 그걸 잊지 마." 퍼뜩 정신을 차렸다. 태평양의 '동료'로서의 일본. 그것은 대학이나 대중매체에서는 가르쳐 주지 않는 관점이었다.

타히티와 그 둘레의 섬들은 2차 대전 뒤 프랑스령이 되었으며, 지금도 여전히 '프랑스령 폴리네시아'라고 불리는 식민지다. 프랑스는 1966년부터 1996년까지 폴리네시아 환초環礁에서 193회의 핵실험을 했는데, 1996년에 프랑스의 핵실험 중지를 이끌어 낸 반대 운동의 지도자가 바로 가비였다.

그 뒤 가비는 반대 운동으로 쌓은 네트워크를 발전시켜 태평양 원주민 NGO 연합을 만들어, 정부의 지원금에 기대지 않고 바닐라와 코코넛 재배, 폴리네시아 식 고기잡이 들로 지역 경제를 발전시키는 운동을 시작했다.

그는 공정무역으로 조금씩 돈을 모아 프랑스로부터 합법적으로 땅을 되찾고 태평양의 젊은이들을 위해 전통 교육의 장을 부활시키기 위해 동료들과 함께 활동하고 있다. 그의 꿈은 타히티의 젊은이들이 자급자족을 통해 지속 가능한 생활을 꾸려 가는 것과 타히티가 프랑스에서 독립하는 것이다. 그를 위한 '풀뿌리운동'을 가비는 '그래스 루트(grass root, 풀뿌리)'가 아닌 '타로 루트(taro root, 타로감자 뿌리)' 운동이라 부른다.

"작은 나라니까 프랑스에서 독립해서 살아갈 수 없을 거라고 하는 타히티 사람도 있어. 그럼 묻겠는데, 프랑스에서 타히티에 주는 '자립'을 위한 예산이 타히티 사람들에게 얼마나 남지? 지금 바로 독립해도 타히티 사람만으로는 정치, 경제가 운영되지 않는다는 것은 알아. 그렇기 때문에 시간을 들여서 자립적인 생산성과 산업의 다양성을 갖추어야 해. 그러면 독립은 충분히 가능할 거야."

현지에 친구를 만드는 여행을 가자

4년 전, 아무것도 모르는 채 타히티를 찾은 나에게, 지금은 한 달에 한 번 타히티에서 엽서가 온다. 현지에 친구가 있으면 대중매체가 주는 정보를 있는 그대로 받아들일 수 없게 된다. 친구가 어떻게 하고 있는지 깊이 생각해 보게 된다. 직접 현지를 찾아가 보고 나서, '남쪽' 사람들이 바라는 것은 선진국의 일방적인 원조가 아니라 공정한 교류와 자립을 위한 지원이라는 것을 알았다. 세계를 뒤덮고 있는 가난과, 남반구와 북반구의 격차 문제는 너무나 심각해서 '나는 아무것도 할 수 없어.' 하고 고개를 돌리고 싶어진다.

하지만 분쟁과 빈곤의 구조적 문제를 공부하다 벽에 부딪히게 된다면, 현지에 친구를 만드는 여행을 떠나는 것이 좋다. 살고 싶은 세계를 만들어 갈 때, 마음이 통하는 친구가 있다는 것은 무엇보다 좋은 원동력이다.

오노데라 아이

23
알루미늄 깡통 너머로
세계가 보인다

돈을 주고 재활용을?

1989년, 우리는 지역에서 재활용 운동을 시작했다. 처음으로 지역에 뿌리를 내리고 시작하는 운동이었다. 광고지를 돌리고 재활용되고 있지 않은 알루미늄 깡통이나 우유팩을 중심으로 한 달에 한 번 거두기 시작했다. 성과는 매우 좋았다. 모아지는 양도 배로 늘어나 지역에 필요한 운동을 하고 있다는 보람을 느꼈다. 아무리 환경문제가 중요하다고 말해도 그것만으로는 구체적이지 않다. 그래서 가까운 쓰레기 문제를 통해 생각해 보는 기회를 만들자는 계획이었다. 환경문제에 대한 100가지 이론보다 효과적인 접근 방법을 생각한 것이다. 그러나 몇 년 지나지 않아 일이 잘 풀리지 않게 되었다.

우리가 모은 알루미늄 깡통은 예전에는 100킬로그램에 1만 엔

(약 8만 원)이었는데, 점점 값이 떨어져 3,000엔(약 2만 4,000원)이 되어 버린 것이다. 철 깡통도 예전에는 1킬로그램당 1엔(약 8원)에 팔렸던 것이 거꾸로 20엔(약 160원)을 내지 않으면 가져가지 않았다. 그래서는 차를 몰아 준 사람에게 기름값을 주는 것도, 개발도상국을 지원하는 다른 단체에 기부하는 것도 불가능했다. 흘린 땀방울을 보상받지 못하는 기분이었다. 그래도 우리는 돈을 버는 것이 목적이 아니라서 크게 상관이 없었지만, 이 재활용을 지탱해 왔던 것은 지역의 어린이 야구팀과 상가 자치회, 장애자 지원 모임, 주민 자치회였다. 그들은 회비 대신에 재활용에 힘을 보태고 그 수입으로 회비를 채웠던 것이다. 그런데 재활용품 값이 크게 떨어졌기 때문에 지원을 그만둘 수밖에 없었다. 재활용이니 라이프스타일이니 하는 이야기가 한창이던 때, 그 중심을 짊어지고 있던 사람들이 재활용을 그만둘 수밖에 없었다는 것은 참으로 아이러니한 일이었다.

재활용품이 싸진 까닭은

그래서 우리는 이런 상태가 언제까지 계속될지, 원인이 무엇인지 알아보기 시작했다. 알루미늄 깡통 값이 내려간 원인은 뜻밖의 곳에 있었다. 새 알루미늄 깡통의 수입 값이 내려갔던 것이다. 값싼 새 알루미늄 깡통이 계속해서 수입되면 비싸고 질이 떨어지는 재활용품을 살 사람이 없어지는 것은 당연하다. 그 때문에 새 알루미늄 깡통 값에 맞추어 재활용품 값이 떨어진 것이다.

세계에서 빈곤을 없애는 30가지 방법

싼 알루미늄은 어디에서 수입될까? 바로 인도네시아와 브라질이다. 본래 알루미늄은 '전기 통조림'이라고 불릴 정도로 많은 전기를 잡아먹는다. 그 전기를 위해 만들어진 것이 커다란 댐이었다. 인도네시아에서는 아사한 댐, 브라질에서는 투쿠루이 댐이 세워져 거기에서 만들어진 전기의 거의 전부가 알루미늄 정련에 쓰였다. 이 댐은 개발도상국 사람들에게 전기를 보급한다는 명목으로 원조를 받아 지어졌지만, 정작 그들에게는 전기가 보급되지 않았다. 그 전기로 만들어진 알루미늄은 대부분이 일본으로 수출된다. 원조라고는 해도 결국 빌려준 것이므로 상품을 수출해서 갚아 나가지 않으면 안 되는 것이다. 국제 알루미늄 시장은 수요자가 주도하는 구매자 위주 시장이기 때문에 일본이 거의 수입 값을 결정하고 있다. 이 값이 지나치게 싸기 때문에 재활용 자체가 불가능해질 정도로 재활용품의 값이 내려간 것이다.

재활용과 세계의 빈곤

우리는 정부개발원조의 문제를 해결하지 않으면 지역에서 재활용을 계속할 수 없다고 생각했다. 그러나 우리 같은 작은 지역

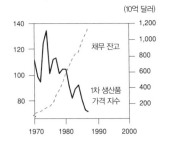

(10억 달러)

**1차 생산품 가격 지수와 제3세계의 채무 잔고
(1970~1987년)**
채무액이 늘어나면 그들의 유일한 수출품인 자원
값이 내려간다. 2002년까지 계속 내려간 자원 값
은 중국의 경제개발에 의해 그 뒤 다시 상승했다.
1979~1981년의 가격을 100으로 한다.
(출전: 월드워치연구소, 〈지구환경백서 '90~'91〉,
다이아몬드사)

단체가 뭔가를 할 수 있을 리가 없었다. 더구나 그 개발도상국의
수출품인 원료를 조사하는 과정에서 우리는 더욱 비참한 현실을
보고 말았다. 그것은 개발도상국의 빚이 늘어남에 따라 그에 반비
례해서 자원 값이 내려가는 현실을 알려 주는 그래프였다.

사실은 이렇다. 개발도상국은 '공업 개발도상국', 즉 아직 공업
제품을 만들 수 없는 나라다. 따라서 팔 수 있는 것이 원료밖에 없
다. 그렇게 원료를 수출해 빚을 갚아야 하는 개발도상국이 전 세계
의 3분의 2가 될 정도로 많다. 그러나 시장에서 팔리는 원료의 종
류는 그리 많지 않다. 로이터상품가격지수를 기준으로 하면 약 30
품목, 닛케이상품지수로 보아도 약 40종류다. 그 시장을 노리고
100개가 넘는 개발도상국이 같은 원료를 수출하고 있으니 값이
크게 떨어지는 것이 당연하다. 이런 상황에서도 세계은행과 국제
통화기금의 구조 조정 정책은 개발도상국을 무리하게 수출 중심
으로 바꾸고 있다.(17장 참조)

우리의 재활용 문제는 이렇게 세계의 빈곤 문제와 연결되어 있
었다. 그들을 삶을 희생시켜 값싼 원료를 수입하는 현실이 재활용

세계에서 빈곤을 없애는 30가지 방법

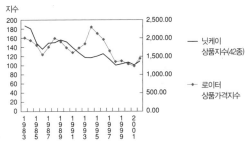

지수

200		2,500.00
180		
160		2,000.00
140		
120		1,500.00
100		
80		1,000.00
60		
40		500.00
20		
0		0.00

1983 1985 1987 1989 1991 1993 1995 1997 1999 2001

—— 닛케이
상품지수(42종)

◆ 로이터
상품가격지수

**세계 상품작물의
거래 상황 폭락 그래프**

을 어렵게 하는 원인이기도 했던 것이다. 우리는 어찌할 바를 몰랐다. 지역에서 활동하는 작은 단체가 거대한 기관을 바꾸어 낼 힘이 있을 리가 없기 때문이다. 그러나 우리는 조사를 통해 알아 낸 사실을 널리 알리는 한편으로 큰 환경 NGO와 연대를 맺고 일본인의 저축과 지구 환경문제가 이어져 있다고 호소했다. 서서히 저축이 문제가 되기 시작하고, 일본의 은행들도 융자 기준을 만들게 되었다.

재활용에서 세계를 본다

재활용에 대해 조사한 것만으로도 세계의 빈곤 문제와 연결되었다. 그것은 우리의 생활과 떼려야 뗄 수 없는 문제였던 것이다. 최근 들어 중국이 활발히 자원을 수입하기 시작하면서 20년 만에 자원 값이 올라갔다. 그러나 이미 거대 기업들이 자원을 차지하고 있기 때문에 그 이익은 가난한 사람들에게는 돌아가지 않는다. 이익은커녕 피해만 돌아갈 뿐이다. 예를 들어 알루미늄은 정련할 때 불화수소라는 맹독가스를 내보내는데, 알루미늄을 가장 싸게 수

태국 방콕 온눗 빈민촌의 쓰레기장. 스캐빈저라 불리는 사람들이 쓰레기 더미에서 쓸 수 있는 것을 주워서 생활한다.

출하는 구소련에서는 불화수소를 없애는 장치를 설치하지 않았다. 그 결과 정련 공장 주변의 몇 만 헥타르나 되는 숲이 말라 버렸다. 그러나 품질 기준에 '제거 장치 설치' 같은 것은 없다. 상품인 알루미늄에는 단지 순도 99.9%라는 기준이 있을 뿐이다.

한편, 브라질 알루미늄은 알루미늄을 만드는 데 드는 전기보다 더 싼값에 수출되었다. 적자 수출인 것이다. 그래서 사람들은 그저 일만 할 뿐 환경은 전혀 고려하지 않게 된다. 알루미늄 생산을 멈추면 배관이 알루미늄으로 막혀 버리므로 계속 설비를 가동할 수밖에 없기 때문이다.

이 알루미늄을 만드는 데만 전 세계 전기의 3%가 쓰이고 있다. 알루미늄은 한 번 쓰고 나면 재활용할 필요가 있지만, 사실은 아예 쓰지 않는 것이 훨씬 환경에 도움이 된다. 만약 알루미늄을 정련하는 데 드는 전기를 쓰지 않는다면 인도 전체가 쓰는 만큼의 전기를 아낄 수 있다. 지구를 온난화시키는 석탄 화력발전소를 몇 군데나 멈추게 할 수 있는 양이다.

어느 날, 인도네시아의 쓰레기장에서 쓰레기를 주워서 생활하는 스캐빈저라 불리는 사람들이 우리 지역을 찾아왔다. 그들은 일본이 쓰레기를 수출하지 않았으면 한다고 말했다. 그들이 모으는 쓰레기 값은 선진국에서 거의 공짜로 수출되는 자원 폐기물에 크게 좌우되기 때문이다. 가난한 그들의 생활은 그 때문에 더욱 불안정해졌다. 알루미늄 너머로 세계가 보인다. 우리는 재활용에서 그것을 배웠다.

다나카 유

24

세계와 만나는 문은
가까이에 있다

빈곤 퇴치를 위한 화이트밴드

세계 빈곤 문제의 해결을 위해 2005년에 시작되어 현재 90개가 넘는 나라에서 이루어지고 있는 '빈곤퇴치를위한지구적행동촉구G-CAP'● 운동의 상징은 화이트밴드다. 일본에서는 '내버려둘수없는세계의빈곤'이란 이름으로 추진되어 많은 가수와 운동선수 들의 참여로 크게 화제가 되기도 했다. 가수와 연예인, 지방의 초등학생부터 국회의원까지 많은 사람들이 손목에 화이트밴드를 차고 있었다.

● Global Call To Action Against Poverty. 전 세계 NGO 운동가들이 모여 빈곤 퇴치와 공정한 개발을 이루기 위해 벌이는 운동. 각국의 정부에 빈곤 퇴치를 촉구하기 위해 상징적으로 손목에 흰 팔찌를 차는 '화이트밴드' 행사를 시작했다. 한국에서는 여러 NGO들이 모여 '지구촌빈곤퇴치시민네트워크'를 결성해 이 운동에 참여하고 있다.

4부 우리의 작은 행동이 세계를 바꾼다

189

나도 처음에는 가벼운 마음으로 화이트밴드를 샀지만, 매일 차고 다니다 보니 빈곤에 대해 아무것도 모르는 자신이 부끄러운 생각이 들었다. 그래서 초등학교 5학년과 중학교 1학년인 아이들의 여름방학 자유 연구를 기회로 빈곤에 대해 함께 공부해 보기로 했다. 도서관에서 참고할 만한 책도 찾아보았다. 아이들이 가장 열심히 읽은 것은 《만화로 배우는 개발: 세계와 지구의 어려운 현실》(아카시쇼텐)이라는 책이었다. 서점에서 파는 화이트밴드 옆에 그 책이나 《세계가 만일 100명의 마을이라면》(매거진하우스) 시리즈가 함께 놓여 있다면 좋았을 것이라는 생각이 들었다.

세계에 목소리를 내는 사람들

캠페인 홈페이지에는 "9월 10일 전국에서 일제히 '화이트밴드의 날' 행사를 엽니다. 함께 모여서 목소리를 내 주세요."라는 공지가 있었다. 서로 자유롭게 의견을 나눌 수 있도록 지역마다 블로그도 만들어져 있었다. 마침 그때 나는 친구들과 9월 11일을 전후해 반전 운동을 추진하고 있었다. 이시카와 현 가나자와 시의 영화관 시네몽드에서 상영할 이라크 전쟁 다큐멘터리 〈Little Birds〉(와태국 다케하루綿井健陽 감독)를 알리기 위해 9월 9일에는 감독과 함께하는 전야제, 상영 첫날인 10일에는 평화 행진, 11일에는 평화를 위한 촛불 행사를 열 예정이었다.

이 화이트밴드의 날이 평화 행진과 겹친 것이었다. 나는 화이트밴드를 찬 사람들이 모이는 자리를 만들기 위해 사무국에 이벤트

화이트밴드의 날 특설 코너(츠타야 가나
자와 점).

등록을 했다. 블로그를 통해서도 여러 번 계획을 알렸지만, 함께하
겠다는 사람들이 좀처럼 나타나지 않아 불안했다. 가나자와 시에
서도 화이트밴드가 적어도 5,000개는 팔렸을 것이었다. 그런데도
블로그를 보는 사람이 적은 것이다. 그렇다면 화이트밴드를 파는
곳에서 직접 알리는 수밖에 없다. 나는 화이트밴드를 파는 서점과
음반 매장을 찾았다.

이때 도움이 된 것이 이벤트를 등록한 지역에만 뿌리는 공식 포스
터와 홍보 영상 DVD였다. 그것들을 보여 주면서 매장 앞에서 10
일의 행사를 알리고 관련 서적을 소개하고 싶다고 부탁했다. 매장
쪽도 행사의 뜻에 공감해 우리의 제안을 흔쾌히 받아들여 주었다.

서점과 음반 매장 앞에 공식 포스터가 내걸리고, 홍보 DVD
가 상영되고, 화이트밴드의 날을 알리는 전단이 놓였다. 특별히
〈Little Birds〉 코너까지 같이 마련해 준 음반 매장의 전시는 정말
이지 감격적이었다.

많은 젊은이들이 화이트밴드를 차고 있고, 그 가운데 많은 수가
세계의 불평등 문제에 관심을 가지고 있다. 하지만 다음 한걸음을

내딛는 것은 그것과는 또 다른 어려운 일이다. 내버려둘수없는세
계의빈곤 운동에 힘을 보태고 있는 NGO 가운데 이곳 이시카와
현에서 활동하는 단체도 있다. 많은 NGO 활동가들이 오랫동안
꾸준히 세계를 향한 활동을 계속해 오고 있다. 일본 한 귀퉁이에도
충분히 행동할 수단이 있고, 학습할 장이 있고, 그 장을 지키는 사
람들이 있다. 지방에도 공정무역 상품을 파는 곳이 있고, 현지 사
람들을 존중하며 땀을 흘리는 멋진 이들과 만날 수 있다. 그렇게
우리에게도 가능한 일이 있음을 깨닫게 된다면, 그것이야말로 진
짜 '화이트밴드 효과'가 아닐까.

9월 10일, 60명 정도의 사람들이 모였다. 행진을 시작하기에 앞
서 '월드비전' '국제앰네스티' '네트워크지구촌'의 활동가 세 명
에게 세계의 실태와 최근의 활동에 대해 이야기를 듣는 시간을 마
련했다. 11월에 앰네스티가 우간다 소년 병사였던 차이나 케이테
치China Keitetsi의 강연회를 계획한다는 소식도 들을 수 있었다. 그
런 뒤에 다 같이 악기를 연주하며 시내 중심부를 행진했다. 블로그
를 보고 멀리서 달려온 고등학생들도 있었다. 절반 이상이 평화 행
진은 처음인 사람들이었다.

서점에서 우연히 전단을 보고 혼자서 참가한 고등학생 이구치
가나에井口可奈惠는 다음 날 촛불 행사에서 만난 이들과 평화 콘서트
를 계획하게 되었다. 이듬해인 2006년 3월 21일의 평화 행진 때는
친구들에게 행사를 알리는 입장에 섰다. 지금은 젊은 음악가들이
중심이 되어 '퍼즐피스더서커스PUZZLE PEACE THE CIRCUS'라는 이벤

세계에서 빈곤을 없애는 30가지 방법

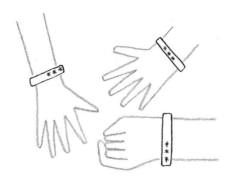

트를 실현하기 위해 분투하고 있다. 그녀는 이렇게 말한다. "그때까지 저는 정말로 좁은 세계 안에서 살아가고 있었어요. 하지만 그날을 계기로 많은 사람들과 만나 내 삶과 생각에 큰 영향을 받았습니다."

야마키 요시히사山木愛久는 가나자와 대학 의학부 학생으로, 개발도상국의 의료 문제를 생각하는 동아리 '큐어KURE'의 부대표였다. 그가 화이트밴드를 찬 것을 본 나는 먼저 우간다 사람의 이야기를 직접 들어 볼 수 있는 쉽지 않은 기회라며 앰네스티 강연회와 사전 학습 모임 참가를 권해 보았다. 반응이 좋아서 영화도 함께 권했다. 11월에 소극장에서 열린 '가나자와 커뮤니티 영화제'의 주제는 '세계를 향한 시선'이었다. 〈거북이도 난다〉 〈루트181〉 〈기품 있는 마리아〉 등 이라크나 팔레스타인을 비롯한 세계 곳곳의 분쟁과 빈곤에 대해 이야기하는 뛰어난 영화들이 상영되었다. 야마키는 매번 많은 동아리 친구들과 함께 찾아와 주었다.

문은 멀리 있지 않다

반년이 지나 야마키와 이야기를 나누었다. "동아리에서는 여름 방학 때마다 아시아 여러 나라를 찾아가는 프로그램이 있는데, 처음에는 국제 의료 문제에 관심이 있었어요. 하지만 실제로 현지를 가 보고, 의사만으로는 해결할 수 없는 빈곤이라는 문제가 있다는 걸 알게 됐죠. 그래서 공정무역에도 관심을 가지게 되었어요. 화이트밴드 덕분에 듣게 된 차이나 씨의 이야기에 감동을 받아서 학습 모임을 기획한 친구도 있어요. 저는 동아리 활동에 평화라는 문제의식이 더해졌어요. 올해 여름에는 20명 규모로 베트남에 가려고 해요. 분쟁 지역은 갈 수 없지만, 전쟁의 상처와 흔적을 지닌 나라에 가 보자는 거지요. 사전 학습을 위해서 지금 베트남 영화 DVD를 빌리고 있어요. 대중매체를 의심해 보는 것도 중요하니까요." 야마키의 팔에는 그날도 화이트밴드가 있었다.

자신의 생각을 알리는 아주 작은 행동이 아직 만나지 못한 사람, 알지 못했던 세계와 만나는 문을 연다. 그리고 그 문은 먼 곳이 아니라 뜻밖에 가까운 곳에 있는 것이다.

고하라 미유키

25
생각을 행동의
에너지로 키우기

미화되지 않는 현실

2006년 8월, 남아프리카 항공 170편이 릴롱궤^{Lilongwe} 공항 활주로에 내려서는 진동이 몸에 전해져 왔을 때, 나는 자그마한 감동을 느꼈다. 아이들과 함께한 3년 반의 활동이 나를 이 말라위공화국에 오게 만들었다는 생각을 했기 때문이다. 말라위의 인구는 1,215만 명, 평균수명은 41세다. 건기를 맞아 검붉게 탄 대지는 마치 사람이 살아가는 것을 거부하는 듯 보였다. 이 여행은 '개발교육'•, 국제 이해 교육 지도자를 길러내기 위해 '일본국제협력기구

• 1960년대 남반구 개발도상국에서의 자원 봉사 활동에 나선 젊은이들에 의해 시작되었다. 처음에는 개발도상국에 대한 지원을 촉진하기 위한 교육이라는 색채가 강했으나 이후 남북문제나 빈곤, 환경 파괴 들의 문제가 선진국들과의 관계 속에서 구조적으로 일어나는 것임을 이해하고 그 문제들을 해결하기 위해 한 사람 한 사람이 참가해 행동하자는 교육 활동으로 변화했다.(일본개발교육협회DEAR 홈페이지 참조. http://www.dear.or.jp/)

JICA'가 NPO와 공동 기획한 프로그램의 하나였다.

이 여행에서 내가 가장 주목한 것은 '학교 문제'였다. 그러나 세 군데의 학교를 돌아보고 나자 '가난 속에서도 얼마 되지 않는 학용품을 소중히 여기면서 열심히 공부하는 아이들'이라는 다소 미화된 이미지와는 다른 복잡한 실상이 보이기 시작했다. 12년 전에 이루어진 초등교육의 무상화가 학교 시설, 교과서, 교사, 교육 재정이 준비되지 않은 가운데 무리하게 진행되면서 오히려 '교육의 질 저하'를 불러 온 것이었다.

말라위에서는 15세부터 49세까지의 인구 가운데 14%가 에이즈에 감염되었으며, 에이즈 고아 55만 명을 포함해 80만 명의 고아가 있다. 의료보건 예산의 90%를 원조에 기대고 있지만 그것만으로는 턱없이 모자라서, 이 나라에서는 사람이 죽는 것이 드문 일이 아니다. 또 오랫동안 학교를 빠지는 아이들은 교과서가 없어서 뒤쳐진 진도를 따라잡기 어렵고, 교사들도 임금이 밀리거나 아예 받지 못하는 일마저 있다. 아이들과 교사들 사이에 퍼져 있는 자포자기한 듯한 분위기도 이 나라를 짓누르는 구조적인 문제 때문이었다. 아이들과 알루미늄 깡통을 모아서 마련해 온 지원 물자도, 지방 학교에서는 고맙게 받아 주었지만 도시 학교에서는 아이들의 의존심을 키울 수 있다며 거절했다. 뜻밖의 반응이었지만, 덕분에 처음으로 진짜 '현실'을 만날 수 있었다. 바로 여기에서부터 '환상'이 아닌 현실의 문제에 기초한 학습과 지원 활동이 시작되는 것이리라.

자신의 가치관을 흔드는 것과 만나다

내가 지금의 학급을 맡았을 때, 중국에서 반일 시위가 커져 아이들의 아침 '1분 스피치'에서도 가끔 화제가 되었다. 나는 이것이 아이들에게 좋은 기회라고 생각해 아이들 스스로 조사 학습을 하게 해 보았다. 여러 자료를 찾아본 아이들의 관심은 자연스럽게 '전쟁 속에서 살아가는' '가난 속에서 살아가는' 같은 또래 아이들의 존재로 옮겨 갔다.

나는 모리야마 료코森山良子의 〈내일이야말로 아이들이⋯⋯〉라는 노래를 아이들에게 들려주었다. '슬픔을 뛰어넘어 분쟁과 가난이 없는 세계를 만들어 가는 것은 아이들이다.'라는 내용의 노래는 아이들의 마음을 사로잡았다. 이 노래를 음악회에서 부르기로 한 아이들은 노랫말의 뜻을 찾아보고 '가난' '기아' '어린이 노숙자' 문제에 관심을 가지게 되었다. 그 문제의 심각함에 큰 '충격'을 받은 아이들은 그 충격을 '생각하고 토론하는 에너지' '행동의 에너지'로 키워 갔다(18장 참조).

아동노동을 다룬 비디오를 본 뒤, 학교에 가지 않고 일하는 아이들의 존재를 안 아이들은 자신들의 가치관이 크게 흔들리는 경험을 했다. 진지하게 고민하고 토론한 아이들은 '지금 우리의 생활 속에서 할 수 있는 것'으로 '급식을 남기지 않는다.' '물건을 낭비하지 않는다.' '현실에 감사한다.' '학교에 다닐 수 있다는 사실을 소중하게 생각한다.' 들을 자기 자신과 약속했다. 아이들은 자신들이 풍족한 물질에 둘러싸여 '오감의 만족'만을 쫓으며 그 안

해외의 어린이 노숙자에게 보내는 의류 지원. 알루미늄 깡통을 모아서 사거나, 집에서 가져 온 옷들을 드디어 보내는 순간이다.

에 있는 '중요한 것'을 보지 못하는 '선진국병' 같은 것에 걸려 있다는 사실을 깨닫게 되었다. 이 에너지는 아이들에게 힘을 합쳐 노력하는 단결심을 북돋워 주었고, 나아가 알루미늄 깡통 모으기를 통해 해외에 의류를 지원하는 활동으로 커 갔다. 문제를 만나면 먼저 작은 계기라도 잘 활용해 자료를 더 조사해 보는 것이 중요하다. 그 과정에서 스스로의 가치관을 뒤흔드는 것과 만날 수 있기 때문이다.

자신의 생각을 알려 나가면 여러 가지 기회가 생긴다

생각하고 행동하는 것도 물론 중요하지만, 한 발 더 나아가 여러 사람들 앞에서 자신의 생각을 이야기해 보면 자신의 영역을 더욱 넓힐 수 있다. 해외 활동의 경험이 있는 사람을 찾아 학급 강연회를 연 아이들은 시의 복지대회에 참가해 발표해 보지 않겠느냐는 권유를 받게 되었다. 자신들의 생각을 널리 알리는 것도 중요하다는 사실을 깨달은 아이들은 이 요청을 받아들여 대회에 참가했다. 아이들의 발표는 큰 박수를 받았고, 발표를 듣던 어르신 한 분

이 활동에 써 달라며 1만 엔(약 8만 원)을 그 자리에서 기부하기도 했다.

이런 경험은 아이들에게 자신들과 같은 생각을 하고 힘을 실어 주는 사람들이 있다는 자신감을 주었다. 나아가 언론과 시 홍보과가 아이들의 활동에 주목해 그 뒤에 아이들이 연 '자선 찻집' 행사를 자세하게 보도하기도 했다. 여러 번의 문의가 있었다. 마음먹고 발표해 보면 많은 기회가 생기는 것이다. 나도 아이들의 활동을 정리해 보고한 결과 전국 교육 연구회에서 발표할 기회를 얻었다. 이런 문제에 관심이 있는 전국의 교사들이 모인 자리여서, 덕분에 귀중한 사람들과 정보를 접할 수 있었다.

자신의 영역을 넓히자

아이들과 함께 벌인 지원 활동의 한계 가운데 하나는 상대방의 얼굴이 보이지 않는다는 점이었다. 처음에 소개한 일본국제협력기구의 여행은 이 문제를 해결하는 좋은 실마리였다. 여행 참가의 서류 심사를 통과했다는 소식을 들은 아이들은 담임인 내가 직접 지원 물자를 전하고 그 반응을 확인할 수 있게 된 것에 크게 기뻐했다.

실제로 지원 물자가 모두 무난하게 전해진 것은 아니었지만, 그래도 괜찮다고 생각한다. 자신만의 환상 속에서 벗어나지 못한다면, 그것이야말로 자기만족을 위한 지원 활동인 것이다. 이 현실을 마주하는 것에서부터 참된 학습이 시작되는 것이다. 말라위의 아이들이 지원 물자를 받는 사진을 본 아이들은 모두들 순수한 마음으로 기뻐했다. 이 아이들에게 미래를 맡기기 위해서도 잘된 일이었다고 새삼 실감할 수 있었다.

말라위 아이들의 웃는 얼굴에는 아름다운 빛이 있었다. 그 빛을 마주한 것만으로도, 지구 반대편까지 가기를 잘했다는 생각이 들었다. 아이들의 이 빛이 사라지지 않게 하는 지원 활동을 해야겠다는 각오를 다질 수 있었다.

말라위에서 만난 청년 해외협력단 사람들은 현지에 직접 들어가 어려운 상황 속에서도 한결같이 과감한 활동을 벌이고 있었다. 그 모습에 정말 감동했다. 이런 문제에 대한 무관심이 팽배한 일본에서 그들의 존재는 세계에 자랑할 수 있는 얼마 안 되는 것 가운데 하나라고 생각한다. 또 말라위에 함께 간 5개 현 11명의 동료들과는 2주를 함께하는 사이에 서로 많은 것을 배우고 빈곤 문제를 통해 서로의 생각을 깊게 할 수 있었다.

빈곤 문제에 대해서는 주변에서 함께 이야기를 나눌 수 있는 사

말라위의 아이들. 소박하고 환한 웃음을
보여 주었다.

람을 찾기 힘들지도 모른다. 하지만 나는 이런 만남을 통해 내가
할 수 있는 것, 해야만 하는 것이 더 있다는 사실을 실감할 수 있었
다. 조그마한 계기라도 좋다. 먼저 찾아보고 생각하고, 한 걸음 더
내디뎌 자신의 생각을 발표하고 정보를 모아 보자. 분명 자신의 영
역이 넓어질 것이다.

하라 이쿠오

Column 4

난민 수용소에서
죽어 가는 아이들

　아프리카에서는 1명의 여성이 10명 가까운 아이를 낳고 그 가운데 2, 3명이 갓난아이 때 죽는 것이 자연스런 일이다. 힘든 유아기를 탈없이 겪어 낸 아이들만이 그 뒤 혹독한 자연환경 속에서 강인하게 살아갈 수 있는 것이다. 그것이 자연의 냉엄한 규칙이다. 그러나 나는 아프리카 소말리아의 난민 수용소에서 그렇게 자연사하는 아이들만 본 것이 아니었다. 소말리아와 이웃한 에티오피아에서는 오가덴 지역에서 분리 독립운동이 일어나 소말리아와 내전 상태에 있었다. 두 나라에 무기를 대고 있는 것은 미국과 러시아였다.

　수십만 명이 전쟁과 탄압을 피해 고향을 버리고 피난길에 올랐다. 수십 일 동안 제대로 먹지도 못한 세 살 난 어린아이는 몸무게가 7킬로그램이 될 정도로 야위어 마치 살아 있는 해골 같았다. 난민 수용소에 도착해서도 상황은 바로 나아지지 않았다. 우리가 운영하는 급식소에서 많은 아이들

　세계에서 빈곤을 없애는 30가지 방법

이 조금씩 회복되어 가기는 했지만, 한편으로는 오랫동안 영양실조 상태로 방치된 나머지 식욕 자체를 잃어버리고 죽어 가는 아이들도 많았다. 나는 그 아이들이 국제사회에 의해 살해당했다고 생각한다.

난민 수용소에는 이런 세계의 부조리가 응축되어 있다. 콜레라로 많은 사람들이 죽어 나가는 십 수만 명 규모의 난민 수용소의 비위생적인 환경. 직업을 얻을 기회도 없이 식량 배급만을 기다리는, 인간으로서의 존엄을 잃어버린 나날들. 초등교육 이상은 바랄 수 없는 교육 제도. 어느 날 갑자기 소말리아군에 강제로 징집당해 가족과 떨어져야만 하는 남자들. 새 옷을 사기 위해 설탕 1킬로그램에 몸을 파는 여자들(설탕은 시장에서 돈과 바꿀 수 있다). '여기에는 이제 난민이 없다.'는 이유로 갑자기 끊긴 식수 공급.

난민이 되기 전에 그런 생활을 바라던 사람은 한 사람도 없다. 내전이 일어나기 전에는 많은 NGO가 농업과 직업훈련 사업을 추진하고 있었다. 그러나 1990년부터 시작된 소말리아 내전으로 사람들은 다시 난민이 되어 유랑의 길을 떠났고, NGO의 노력도 물거품이 되고 말았다. 그 난민들이 어떻게 되었는지는 짐작조차 할 수 없다. 많은 아이들이 죽어 가는 나라에서는 다른 문제 역시 열악할 수밖에 없다. 204~206쪽의 자료를 보면 서로 다른 문제가 어떻게 이어져 있는지 알 수 있을 것이다.

가시다 히데키

유아 사망률이 높은 30개 나라

		유아 사망률 (1,000명 당)	15세 이상 문맹률(%) 남/여	15~49세 에이즈 감염률(%) 남/여	1인당 국민 총생산 (달러, 2002년)	1인당 대외 채무액 (달러)	대외 채무 변제액 (억 달러)
1	시에라리온	162	60/80	?	140	172	9 ('00년)
2	니제르	149	80/91	1.0/1.4	180	179	22 (03년)
3	아프가니스탄	145	49/79		186		
4	라이베리아	137	28/61	5.1/6.7	140	755	26 (03년)
5	앙골라	134	18/46	3.4/4.4	710	957	106
6	마리	130	73/88	1.6/2.2	240	299	30
7	소말리아	120	64/86	?	110	269	26
8	부르키나파소	119	82/92	3.6/4.8	250	110	15 (01년)
9	코트디부아르	116	40/62	6.0/8.1	620	735	122 (03년)
10	콩고	115	20/48	3.7/4.8	100	283	129 (01년)
11	기니비사우	115	45/75	?	130	310	5 (03년)
12	르완다	114	30/41	4.4/5.7	230	154	10
13	차드	114	59/87	4.2/5.4	210	142	10
14	나이지리아	111	26/41	4.6/6.2	300	275	314
15	말라위	107	25/46	12.4/16.0	160	236	23
16	탄자니아	104	23/38	7.6/9.9	290	243	74
17	부룬디	102	33/48	5.2/6.8	100	175	11
18	베냉	101	54/77	1.7/2.1	380	56	5 (03년)
19	기니	101	45/73	2.7/3.7	410	371	32 (03년)
20	모잠비크	96	38/69	10.6/13.8	200	156	30 (02년)
21	중앙아프리카공화국	96	35/67	11.9/15.1	250	277	9
22	에티오피아	95	51/66	3.8/5.0	100	143	104 (98년)
23	카메룬	93	23/40	6.0/7.9	550	529	85 (02년)
24	잠비아	92	24/40	14.1/18.9	340	790	71
25	모리타니아	92	41/57	0.6/0.7	280	772	23 (03년)
26	캄보디아	91	15/36	3.7/1.6	300		
27	토고	90	32/62	3.6/4.7	270	341	17 (03년)
28	이라크	88	50/35	?	212		
29	라오스	84	22/39	0.1/0.1	310		

세계에서 빈곤을 없애는 30가지 방법

30	우간다	79	21/41	3.7/4.9	240	157	41 (02년)
	스와질란드	68	20/22	35.7/41.7	1240		
	레소토	63	26/10	25.4/32.4	550		
	짐바브웨	61	6/14	21.0/28.4	?		
	보츠와나	47	24/19	31.7/43.1	3010		
	남아프리카공화국	41	16/19	18.1/22.5	2500		
	나미비아	40	13/17	18.4/24.2	1790		

▩▩▩▩▩ 는 에이즈 감염률이 매우 높은 나라

유아 사망률이 낮은 나라

	유아 사망률 (1,000명당)	15세 이상 문맹률(%) 남/여	15~49세 에이즈 감염률(%) 남/여	1인당 국민 총생산 (달러, 2002년)
일본	3		⟨0.1/⟨0.1	34,010
싱가포르	3	3/11	0.4/0.1	20,690
스웨덴	3	?	0.1/0.0	25,970
홍콩	4		0.1/0.1	24,690
한국	4		0.1/0.1	9,930
핀란드	4	?	0.1/⟨0.1	23,890
노르웨이	4	?	0.1/0.0	38,730
스페인	4	?	1.0/0.3	14,580
벨기에	4		0.3/0.1	22,940
프랑스	4		0.6/0.2	22,240
독일	4		0.2/0.0	22,740
네덜란드	4		0.4/0.1	23,390
스위스	4		0.5/0.2	36,170
이스라엘	5	2/4	?	16,020
체코	5	?	0.1/⟨0.1	5,480
덴마크	5	?	0.3/0.1	30,260
아일랜드	5	?	0.2/0.1	23,030
영국	5	?	0.2/0.0	25,510
이탈리아	5	?	0.7/0.3	19,080
포르투갈	5	?	0.7/0.2	10,720

슬로베니아	5	?		10,370
오스트리아	5		0.4/0.1	23,860
쿠바	5	3/3	0.1/<0.1	2,445
캐나다	5		0.5/0.2	22,390
오스트레일리아	5		0.2/<0.1	19,530
뉴질랜드	5		0.1/<0.1	13,260
그리스	6	6/12	0.3/0.1	11,660
슬로바키아	7	0/0	?	3,970
크로아티아	7	1/3	?	4,540
미국	7		1.0/0.3	35,400

- 출전:《국제연합세계인구현황보고서2005》
- 문맹률, 1인당 국민총생산은《2005 Databook of the World》(니노미야쇼텐)에서 참고.(유아사망률 수치 30위에는 들지 않지만 에이즈 감염률이 매우 높은 남부 아프리카 나라들도 포함했다.)
- 대외 채무액은 외무성 홈페이지, 1998년과 2002년 데이터는《2005 Databook of the World》(니노미야쇼텐) 참고.
- 그 밖의 수치는 '개발도상국의채무와빈곤네트워크사무국' 홈페이지 참고.

세계에서 빈곤을 없애는 30가지 방법

5부

~~~

날마다 조금씩
달라지는 우리

26
공정무역이
평화로운 세상을 연다

아이들의 희생으로 만들어진 상품은 사지 않는다

아이들의 노동으로 만들어진 축구공을 비롯해 환경과 인권을 해치면서 만들어진 많은 물건이 우리 생활 깊숙이 들어와 있다. 어째서 이런 일이 일어나는 것일까.

상품을 만드는 기업은 하청업체에서 일어나는 일이기 때문에 자기들은 책임이 없다고 발뺌하고, 공장이나 농장에서는 경쟁이 치열하기 때문에 망하지 않으려면 어쩔 수 없다고 변명을 한다. "일본인들은 왜 이런 물건을 사는 거죠?" 하고 해외에서 누군가 나에게 구매자의 책임에 대해 물은 적이 있다. '그렇지만 내 책임이 아니잖아요. 내가 그렇게 하라고 시킨 것도 아니고.' 하고 반발하는 마음이 들었다. 싼 물건에 손이 가는 나 자신이 나쁘다거나 책임이 있다고는 생각하기 어려웠다.

그렇다면 누가 나쁜 걸까? 복잡한 문제다. 분명한 것은, 이런 구조 때문에 몇 억 명이나 되는 사람들이 매일매일 고통을 겪으며 희망 없는 삶을 살고 있다는 사실이다.

지금 이런 현상을 해결하기 위해 세계 곳곳에서 여러 가지 노력이 이루어지고 있다. 축구공이 아동노동으로 만들어진다는 사실이 알려지자 유럽의 시민들이 '국제축구연맹'에 압력을 넣어, 공식 경기에서는 아동노동으로 만들어진 공을 쓰지 않는다는 자체적인 규제를 이끌어 냈다.

미국에서는 허쉬 사 같은 유명 제과업체와 국회의원, 시민단체들이 아이들의 노동으로 만들어진 초콜릿은 수입하지 않는다는 행동 계획을 작성해 서명하고 있다.

인도에서는 한 단체가 아동노동이 법에 어긋나는 것임을 알리는 운동을 벌이는 동시에 어른들의 일거리를 만들기 위한 노력을 계속했다. 그들이 만든 잡화들은 일본에도 수입되고 있다.

사람들의 생명과 삶을 희생해 만든 물건은 쓰지 않는다, 그렇게 생각하는 사람들이 지금껏 여러 가지 시도를 해왔다. 사람들의 불리한 입장을 이용해 이득을 얻지 않고, 자신들의 노동으로 가족들이 생계를 꾸려 갈 수 있도록 하고, 좋은 일터를 만들어 내고, 거기에서 만들어진 것을 판매하는 노력을 '공정무역' 또는 '페어트레이드'라고 부른다.

공정무역에서는 재료를 살 돈이 없는 생산자에게 값을 먼저 치르거나 좋은 제품을 만들기 위한 기술협력 같은 배려가 이루어진

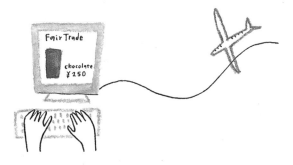

다. 또한 '자선보다는 공정무역을' '원조가 아닌 수공업을 통한 자립' '공정무역으로 세계의 시민들을 연결하자.'는 호소가 이루어지고 있다.

공정무역의 사례, 가나의 카카오

여기에서 공정무역이 지역에 공헌한 하나의 사례를 소개할까 한다.

가나의 카카오 재배 농가들이 모여서 만든 조합에서는 카카오를 공정무역으로 거래한다. 일반적으로 카카오는 국제 경쟁이라는 명목 아래 값이 매겨지기 때문에 때로는 생산비도 건지지 못하는 값으로 팔아야 하는 때도 있다. 하지만 공정무역에서는 농민들이 안정된 적정 가격으로 카카오를 팔 수 있을 뿐 아니라, 어려울 때는 조합에서 돈을 빌릴 수도 있다. 이 상호부조의 정신이 공정무역의 핵심이 아닐까.

가난한 사람들이 가장 어려움을 겪는 것 가운데 하나가 바로 대출이다. 터무니없이 높은 이자 때문에 해열제를 사기 위해 100엔 (약 800원)을 빌렸다가 나중에는 집을 팔아야만 하는 경우도 생긴다고 한다.

조합에 쌓인 이익으로 공용 트럭을 사고, 관개공사를 하고, 조합원이 병에 걸렸을 때는 싼 가격에 약을 나누어 주고, 농업 연수 기회를 마련하고, 묘목을 빌려주는 등등, 상품의 매입 가격이 그렇게 높지 않은 경우에도 조합원들의 상호부조를 통해 생활은 훨씬 나아진다. 가나의 조합에서는 1년 동안 174개 마을에 우물을 만들고 27개 마을에 옥수수 분쇄기를 도입했으며, 7개의 학교와 다리를 지었다고 한다. 10년 동안 1,000개 가까운 마을에서 조합에 가입했다. 공정무역에 참여해 생활이 나아졌냐고 물으니 통역이 따라갈 수 없을 정도로 여러 사람들이 입을 모아 조합의 좋은 점에 대해서 말했다고 한다.(《The Big Issue》, 일본판, 2004년 5월 6일)

공정무역 상점을 사람들이 모이는 장소로

영국의 공정무역 시장은 2005년을 기준으로 약 400억 엔(약 2,400억 원) 규모에 이른다. 주요 슈퍼나 백화점에는 전문 코너가 있으며, 3월부터 열차 안에서 파는 음료수와 과자 들을 공정무역 상품만 취급하기로 한 철도회사도 있다고 한다. 2005년 영국 G8 정상회담 때 나온 커피와 홍차도 모두 공정무역 상품이었다. 또 '공정무역 타운' 인증 제도라는 것도 있어서, 각 지자체의 관청에서 마시는 커피와 홍차 들을 모두 공정무역 상품으로 하는 등의

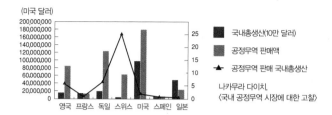

공정무역 시장 규모 비교

여러 조건을 만족하면 인증을 받을 수 있다. 인증을 받기 위해 순
서를 기다려야 할 정도로 호응이 높은 운동이라고 한다.

일본의 공정무역 시장은 약 26억 엔(약 208억 원) 정도(인증 마크
가 붙은 것은 5억 엔 정도)로 아직 인지도가 낮지만, 그만큼 앞으로의
가능성은 크다고 할 수 있다. 고등학생들이 축제에서 공정무역 상
품을 팔거나 대학생들이 단체로 생산지를 방문하기도 하는 등, 운
동의 폭 또한 넓어지고 있다. 통신 판매도 많이 이루어지고 있고,
또 공정무역 소매점은 그 지역에서 운동에 관심이 있는 사람들이
모이는 장소가 되고 있다. 공정무역 운동에 관심을 기울이는 기업,
예를 들어 이온그룹에서는 공정무역 상품을 취급하는 데서 더 나
아가 상품의 '윤리적 기준'을 만들고자 하는 움직임도 보이고 있
다. 힘없는 사람들의 피와 땀이 스민 상품을 취급하지 않겠다는 자
세는 주목할 만하다.

유럽에서는 이미 알아보기 쉽게 공정무역 마크가 통일되었다.
그리고 그 마크가 부착된 상품이 슈퍼에 진열되는 것이 당연한 일
이 되어 있다. 일본도 머지않아 그렇게 될 것이다. 하지만 한 가지

짚고 넘어가야 할 점은, '인증 마크'에만 의지하는 정책에는 함정이 있다는 사실이다. 공정무역 업계라 할지라도 왜곡이 생기거나 부정이 일어날 가능성은 얼마든지 있다. 거래의 규모가 커질수록 '얼굴이 보이는 관계'는 빈말이 되기 쉽고, 서로의 진짜 요구가 보이지 않게 될 수 있는 것이다.

상품 거래를 통해 지탱되는 작은 네트워크

공정무역은 어떻게 하면 지구의 부를 가능한 한 모두에게 평등하게 나눌 수 있을까 하는 문제의식과 맞닿아 있다. 그런 생각을 가진 사람들이 작은 단위로 서로 손을 잡고 궤도를 수정해 가면서 선순환을 이루어내야 한다. 무엇이든 효율과 규모가 지배하는 지금의 사회에서 이런 사업 형태는 상상하기 어려울지도 모른다. 하지만 지구와 사람들이 지르는 비명을 듣고 궤도를 수정하려는 시도가 이루어지지 않는다면 지구의 미래는 없다. 이른바 '자유경제'가 낳는 왜곡이 주체할 수 없을 정도로 자꾸만 커져 가고 있기 때문이다.

누가 이기고 누가 지느냐는 구분은 이제 국내외에서 점차 의미가 없어지고 있다. 개발도상국의 가혹한 조건 속에서 이루어지는 공정무역의 성공이 일본의 '마을 살리기' '지역 만들기'에 좋은 본보기가 될 수 있다는 사실이 더 널리 알려졌으면 한다. 국경에 관계없이 시민들 서로가 상품 거래를 통해 지탱해 나가는 작은 네트워크가 늘어나기를 기대해 본다.

공정무역 마크

공정무역은 누구나 참여할 수 있는 운동이다. 공정무역 상품의
카탈로그를 친구들에게 보여 주는 것에서부터 시작해 보는 것은
어떨까. 단지 물건을 사는 것만으로 세계를 위해 얼마나 좋은 일을
할 수 있는지 생각해 보는 기회가 될 것이다.

구즈하 무쓰미

27

자원을 빼앗지 않는
단순한 삶 실천하기

비누 하나면 충분하다

비파나무 잎을 소주에 담가 두면 소독액으로 쓸 수 있다는 이야기를 듣고 실제로 만들어 보았다. 정말로 귀고리 구멍 소독에 효과가 있었다. 지금까지 돈을 주고 사야 한다고 생각했던 가정용 상비약을 간단하게 직접 만들 수 있다는 재미에 다른 것도 시도해 보았다.

통증이 있는 곳에 생강즙을 적신 거즈를 대고 따뜻하게 하면 통증이 멎는다. 생강의 후끈거리는 기운이 몸속에서 혈액순환을 촉진시켜 통증의 근원을 씻어 내는 느낌은 시판되는 약(무엇이 들어 있고 어떻게 작용하는지 알 수 없는)을 먹는 것과는 무척 다르다. 손쉽게 구할 수 있는 재료만으로도 확인해 볼 수 있다.

알고 쓰는 것은 즐거운 일이다. 샴푸, 린스, 트리트먼트, 보디소

비파나무 잎을 소주에 담근 소독액 과 덜 익은 매실의 즙을 졸여 만든 매 실 엑기스(위장약).

프 등 엄청나게 많은 목욕용품도 성분과 효과를 알고 나면 비누 하 나로도 충분하다. 그렇게 점점 돈을 주고 사는 물건이 줄어들었다.

텔레비전이나 광고지를 보고 물건을 사던 것도, 직접 농가에서 쌀을 사거나 국산 자재를 취급하는 목재상에서 산 자재로 테이블 을 만들거나 하는 식으로 생산자나 생산지를 알 수 있는 물건을 사는 것으로 바뀌었다. 물건을 사거나 음식을 먹을 때 생산자나 생 산지를 떠올리면 항상 특별한 느낌이 든다. '안전' 또는 '안심'이 중요하다고 흔히들 이야기하지만, 내 몸만 안전하다고 해서 다가 아니다. 이를테면 수많은 관계 속에서 살아간다는 안심이 중요한 것이다.

땅과의 관계, 다른 생명과의 관계. 누군가가 심은 '생명'을 요리 해서 몸에 받아들인다. 그리고 그것이 나의 생명으로 변해 간다. '자아 찾기' 같은 거창한 말을 하지 않아도 사물과 자신의 존재에 대한 실감이 돌아오는 것을 느낄 수 있는 것이다.

에너지 빼앗지 않기

먹을거리나 샴푸뿐 아니라, 당연히 돈을 주고 사야 한다고 생각했던 다른 것들도 조금 거리를 두고 생각해 보게 되었다. 예를 들어 전기. 전력 회사에서 전기를 사지 않고 시민 스스로 풍차, 태양열발전, 소수력발전, 바이오매스 같은 자연 에너지 발전을 위해 노력하는 곳이 있다. 원자력발전이나 댐을 비판하면서 가만히 지켜만 보는 것이 아니라 스스로 에너지를 만들어 낼 수도 있다는 사실에 감동을 받았다. 중국과의 유전 개발 경쟁이니, 중동에서의 원유 수송 경로를 사수해야 한다느니, 석유 쟁탈전이니 하고 요란스럽게 떠들어 대고들 있지만, 사실은 서로 빼앗지 않아도 되는 방법이 있는 것이다.

쇠고기도 마찬가지다. 소는 많은 곡물을 먹기 때문에 스테이크 한 조각을 곡물로 환산하면 놀랍게도 30인분의 식량이 나온다고 한다. 스테이크가 아닌 곡물을 먹으면 30명이 나누어 먹을 수 있는 것이다. 콩은 '밭에서 나는 쇠고기'다. 스테이크 대신 국산 콩을 먹어 보자. 요리도 간단할 뿐 아니라 맛도 좋다. 물론 육식보다 건강에도 좋고 말이다.

지금 일본에서의 생활은 지나치게 많은 돈과 자원을 소비해서 이루어지기 때문에 지구가 몇 개라도 모자랄 지경이다. '푸드 마일리지'라는 계산법이 있다. 먼 나라에서 석유와 노동력을 들여 가져온 것일수록 그 생산지와 환경에 대한 책임이 크다는 것을 수치로 나타낸 것이다. 일본은 이 마일리지가 압도적으로 높은 나라다. 다른 나라의 것을 빼앗아 이득을 얻고, 그 남은 양을 모아서 불쌍한 나라로 보내는 것은 부끄러운 일이라는 것을 알아야 한다.

처음부터 빼앗지 않는 것이 먼저다. 프랑스 경영자 단체의 한 간부가 "경영자는 곧 살인자다."라며 어쩔 수 없다는 식으로 말한 일이 있다. 일본 지방자치단체의 직원도 "(커다란 사업을 진행할 때는 현지 사람이) 한두 명 정도 죽는 일도 있을 수 있지요."라고 말한 적이 있다. 자원을 서로 빼앗고 사람을 혹사하는 것이 대전제인 경제. 그것을 '어쩔 수 없는 일'이라고 방치하고 있는 것은 우리다.

세계를 본다, 생활을 만든다

매일매일의 생활 가운데 깊이 뿌리내린 구조에서 빠져나오기란 쉬운 일이 아니다. 하지만 자신의 의지로 충분히 바꿀 수 있는 것도 많다. 예를 들어 우리 집은 식탁 위의 국산품 비율을 100%에 가깝게 하고 있다. 국산에 유기농이면 엄청나게 비싸지 않느냐고 물어보는 사람도 많다. 하지만 꼭 그렇지만은 않다. 실은 간단한 요령이 있다.

우선 학교 가정 시간에 배운 '하루에 30가지 식품'이라는 원칙은 전혀 실천하지 않는다. '적색, 황색, 녹색 식품을 균형 있게 섭취한다.'는 노력도 전혀 하지 않는다. 겨울에는 뿌리채소를 먹어 몸을 따뜻하게 하고, 여름에는 여름 야채로 몸을 차갑게 한다. 그렇게 제철 음식을 주로 먹으면 자연히 몸의 리듬도 바로잡고 돈도 아낄 수 있다. 무엇보다 온실재배나 원거리 수송으로 엄청난 석유

를 낭비할 필요도 없고, 비료도 무리하게 쓰지 않으니 친환경적이다. 극한極寒의 땅에서는 바다표범 고기만 먹고서도 살아간다고 하니, 우리도 지역에서 생산된 제철 음식을 먹는 것으로 충분할 것이다.

제철 음식은 양념만 제대로 쓰면 별다른 요리를 하지 않아도 맛있다. 좋은 음식이 곧 약이다. 10년 가까이 고기도 생선도 유제품도 거의 먹지 않았다고 하자 마을 보건소에서는 "당신들 가족은 영양실조가 틀림없어요."라고 했다. 하지만 남편은 살이 쪄서 고민하고, 세 아이들은 모두 모유만 먹고도 튼튼하게 자라서 한 번도 병원에 간 적이 없다.

광우병의 위험으로부터 안전하고, 주식 변동에 마음을 졸일 필요도 없다. 가능한 한 자신의 손이 닿는 범위, 자신의 눈으로 볼 수 있는 범위 안에서 소비 활동을 하고, '어쩔 수 없다.'는 변명을 하나라도 더 줄여 가자. 얼굴이 보이는 관계를 쌓음으로써 자신이 발 디딘 곳을 단단하게 할 수 있다.

'단순한 삶'의 효과

그런데 이런 단순한 삶을 사람들에게 이야기하면 반발을 사기 쉽다. "그런 식으로 따지면 먹을 수 있는 게 없어요." "그렇게까지 금욕적인 식생활을 꼭 해야 하나요?"

이야기만 들어서는 설교처럼 느껴지는 것도 당연하다. 하지만 우리의 일상과 관계된 일이기 때문에 더욱 강조하고 싶다. 잘 알려져 있지 않지만 밀 한 가지만 해도 5개밖에 되지 않는 거대 곡물 회사가 세계 시장을 마음대로 흔들고 있다. 많은 창고에 쌓아 두고 일부러 물건이 달리게 만들어 가격을 조작하기도 하고, 자사의 모종을 농약과 함께 판매해 재배에 실패한 농민들이 빚 때문에 자살로 내몰리는 경우도 있다. 유전자를 조작한 모종을 거부한 농민에게 트집을 잡아 소송을 걸어 압박하기도 하고, '지구의 폐'라고 일컬어지는 아마존의 숲이 사라져 버릴 정도의 기세로 곡물을 재배하기 위한 밭을 만들고 있기도 하다. 이런 '보통'의 유통, 다시 말해 얼굴이 보이지 않는 유통의 폐해는 너무도 크다.

이런 현실을 알고 나면, 아무런 의문도 품지 않은 채 '보통'의 식사를 계속하면서 1년에 한 번 지구의 날, 인권의 날에만 그럴듯한 구호를 외치는 것이 얼마나 얄팍한 일인지 깨닫게 된다. 매일매일의 생활 속에서 '빼앗지 않고 살아가는' 노력, 평화의 씨앗을 찾아가려는 노력이 필요하다.

구즈하 무쓰미

28

이제 선진국이
달라져야 한다

용서받아야 하는 이는 누구인가

화이트밴드 운동은 많은 사람들에게 '내버려 둘 수 없는 세계의 빈곤'이라는 현실을 알리는 데 성공했다. 그것만으로도 대단한 일이다. 하지만 현실을 알고 난 뒤 무엇을 해야 할 것인가에 대해서는 나는 내버려둘수없는세계의빈곤 운동과 조금 다른 생각을 가지고 있다. 3초에 1명씩 가난 때문에 아이들이 죽어 가는, 아니 살해당하는 현실을 알고 불쌍하게 생각하는 데서 한 걸음 더 나아가, 그 현실을 자신의 일로 상상하고 구체적으로 현실과 마주해야 한다고 생각한다.

죽어 가는 1명의 아이 둘레에는 그 아이가 죽지 않도록 가능한 모든 노력을 쏟는 가족이 있다. 그러나 '빈곤'이라는 현실 속에서, 가족이 노력하는데도 아이들은 죽어 간다. 그런 현실을 상상해 보았으면 한다.《생명, 개발, NGO》(신효론, 1998)라는 책에 실려 있는 〈라크의 이야기〉에서는, 땅을 빼앗긴 농민인 어머니가 목숨 걸고 자기 아이를 지키려고 하지만 그런 노력에도 아이는 영양실조로 목숨을 잃는다. 또 같은 책에는 멕시코에서도 가장 가난하다는 지역에서 이런 세계의 구조에 반기를 든 '사파티스타민족해방군'을 소개한다. 그들은 1994년 원주민의 전통에 뿌리를 둔 새로운 사회를 꿈꾸며 무장봉기를 일으켰다. 살리나스 대통령이 무기를 버리고 투항하면 용서해 주겠다고 했지만, 마르코스 부사령관은 다음과 같이 말했다.

"왜 우리가 용서받아야 하는가. 우리의 무엇을 용서한단 말인가. 주린 배를 부여잡고 그저 죽어 가지 않는 것을? 고통 속에서 가만히 침묵하지 않은 것을? (……) 몇 년씩이나 사치를 누리고 자신의 배를 채워 온 이들이 우리를 용서할 권리가 있는가? 언제나 죽음과 나란히 살아온 우리가 마침내 죽음조차 두렵지 않게 되었기 때문인가? 아니면 우리는 죽은 이에게 용서를 빌어야 할까? 홍역, 백일해, 뎅기열, 콜레라, 티푸스, 파상풍, 폐렴, 말라리아 그리고 다른 장과 폐의 질병 따위의 '자연적인' 원인에 의한 '자연적인' 죽음을 맞이해야만 했던 자들에 대해서 말인가?"

여기에 나열된 질병은 '선진국'이라 불리는 지역에는 존재하지 않으며, 나타난다 해도 죽음에 이르지는 않는 병이다. 그러나 남반구 나라들에서는 지금도 이 치료 가능한 병이 죽음으로 이어지고 있다. 이런 일을 낳는 빈곤의 원인은 무엇일까? 아이들이 죽어 가

세계에서 빈곤을 없애는 30가지 방법

는 현실을 처음 알고서 '불쌍하다, 도와주고 싶다.'라고 생각할 수 있다. 그러나 그것은 출발점일 뿐이다. 더 나아가 '용서받아야 할 것은 누구인가. 무엇을 용서해야 하는가.'라는 마르코스 부사령관의 물음을 떠올려 보았으면 한다.

남반구에서 나오는 많은 부가 북반구 나라의 사람들이 지배하는 다국적기업의 것이 되어 북반구에서 소비되고 있다. 북반구가 낭비하는 농산물을 재배하는 가난한 농민은 자신들은 충분히 먹지 못하면서도 사탕수수나 바나나, 커피 따위의 단일작물을 재배하는 농업 구조 속에서 수출을 위한 '상품작물'을 기르는 것 말고 다른 선택지가 없다.

자선으로는 해결되지 않는 문제

일본에서는 화이트밴드 운동이 '자선이 아니다.' '직접적으로 물건이나 돈이 전해지지 않는다.'는 비판을 받았다. 그러나 자선으로 문제가 해결되지 않는다는 것은 점점 분명해지고 있다. 한편에서는 정부개발원조라는 장치가 있으니 원조의 질을 개선하고 양을 늘려야 한다는 주장도 있다. 정부개발원조를 부정할 생각은 없지만, '개발' 자체의 실태에 대해 다시 물을 필요가 있다. 먼저, 변해야 하는 것은 이른바 선진국 사회다. 경제성장이라는 가치만을 떠받들며 사람들의 욕망을 자극하는 것이 아니라, 지구적인 시점에서 공평한 분배를 추구하고 과잉을 거부하는 사회를 만들어 내는 것, 그런 다음 개발도상국에 어떤 지원이 필요한가를 그들과 함께 생각해 가는 것이 필요하다.

빈곤을 없애기 위한 여러 가지 모색이 세계 곳곳에서 시작되고 있다. 1998년에는 '토빈세'의 도입을 목표로 내건 국제금융관세연대ATTAC라는 NGO가 프랑스에서 탄생했다. 토빈세란 거액의 외환 거래(대부분이 투기 자본의 도구로 이용된다)에 세금을 매겨 그 수입을 세계의 빈곤을 없애는 데 사용하자는 것이다. 그와 비슷한 취지의 '국제연대세' 도입도 시작되었다(104쪽 참조). 하지만 돈을 모으는 것이 가장 중요한 일은 아니다. 그 돈이 뇌물이나 군사비로 쓰이지 않도록 노력하지 않으면 의미가 없다. 공정한 분배 구조를 만들어 내는 일이 중요한 것이다. 어려운 과제지만, 토빈세를 둘러싼 논의 가운데 구체적인 구조가 모색되고 있다.

일본 정부가 해야 할 일, NGO가 취해야 할 입장

일본 정부는 구체적으로 무엇을 할 수 있을까. 우선 개발도상국의 생활을 악화시켜 결과적으로 더 많은 원조가 필요하게 만드는 정책에 가담하지 않아야 한다. 이라크나 아프가니스탄에서 볼 수 있듯이, 미국은 자기 나라의 이익을 위해 일방적으로 전쟁을 벌여 인명을 빼앗고 지역을 무참히 파괴하고 있다. 일본 정부도 미국을 무비판적으로 쫓아 복구 지원이라는 명목 아래 군대까지 파견하고 있다. 이것은 곧 빈곤을 낳는 행위다. 이런 지원을 그만두고 미국에도 전쟁을 그만둘 것을 촉구해야 한다.

내전 또한 가난과 난민 그리고 굶주림을 낳는다. AK-47 소총 같은 소형 무기를 포함해 대부분의 무기가 국제연합 상임이사국에서 수입된다. 그것이 소년병의 손에 쥐어져 아이들을 전쟁터로 내몬다. 무기의 수출입 자체를 근본적으로 막는 것이 필요하다. 평화주의를 내세우는 헌법 제9조를 가지고 있고, 모든 지역에 무기 수출을 원칙적으로 금지하는 일본 정부는 전면적인 무기 수출입 금지를 위해 노력하는 데 유리한 입장에 있다고 볼 수 있다. 그러나 안타깝게도 사태는 거꾸로 흘러가고 있다.

2006년 6월, 일본 내각은 테러를 막는다는 명목으로 정부개발원조 예산을 사용해 인도네시아에 순시선을 제공한다고 결정했다. 일본 정부의 이와 같은 정책을 바꾸기 위해 아시아 민중이 힘을 모으고 있다. 빈곤 감소를 위해 정부개발원조를 늘리길 요구하는 NGO들이 이와 같은 정부개발원조 예산의 군사적 지출에 대해 명확한 거부 의사를 정부에 주장해야 한다. 정부개발원조 예산으로 NGO의 사업을 진행한다고 해서 NGO가 일본 정부에 요구하지 못하는 일이 있어서는 안 된다. '무기 수출의 예외'를 늘리려는 세력이 꾀한 이번의 무기 수출 정부개발원조가 용인되면, 앞으로 테러 대책을 명목으로 무기 수출 정부개발원조가 커질 수 있다. 그렇게 되면 '파괴와 원조'라는, 병 주고 약 주는 결과가 되어 버린다. 또 새로운 빈곤을 낳는 거대 개발을 위한 정부개발원조나, 일본 기업의 진출을 위한 사전 작업으로 이루어지는 정부개발원조 또한 멈추도록 해야 한다.

'반대한다.' '중지한다.' 하는 제안만 잔뜩 쓴 것 같다. 이것은 어쩌면 가난한 사람을 위해 무언가를 하고 있다는 실감을 느낄 수 없는, 때로는 맥이 빠지는 활동일지도 모른다. 하지만 남반구에서 들려오는 목소리의 대부분은 '~해 달라.'가 아니라 '~하지 말아 달라.'라는 것을 잊지 않아야 한다.

쓰루타 마사히데

29

오래된
미래를 향해

자급자족하며 살아가는 히말라야의 라다크에는 스스로를 가난하다고 생각하는 사람은 없었다. 그러나 도로가 생기고 늘 가지지 못하는 물건이 있는 소비생활을 하게 되면 사람들은 스스로를 가난하다고 느끼게 된다. 세계적인 소비생활이 아닌, 지역에 뿌리내린 생산과 생활을 지원해야 한다. '오래된 미래'를 향해서.

풍요롭게 살아가기 위한 지혜

히말라야의 변경 라다크는 문화적으로는 티베트, 정치적으로는 인도의 잠무카슈미르 주에 속한다. 중국, 파키스탄과 맞닿아 있지만, 지금도 국경이 확정되지 않았다. 중심 도시 레Leh의 고도는 3,600미터. 주위를 둘러싼 고개는 5,000미터가 훨씬 넘는다.

이 거친 자연환경에서도 사람들은 넉넉하게 살아간다. 히말라

라다크의 소년.

야의 눈 녹은 물은 사막처럼 건조한 이 지역에서 여름 동안 비교적 안정적으로 농사를 지을 수 있게 해 준다. 형제가 1명의 아내를 공유하는 일처다부제는 상속으로 인한 농지의 분할을 막을 수 있었다. 한 집에서 1명은 승려가 되어 독신으로 살아가는 관습은 인구를 일정하게 유지하는 데 이바지했다. 오랜 농한기에는 정신력을 높이기 위한 여러 종교 행사가 치러진다. 빈부 차이도 거의 없고, 누구나 자신이 지은 흰 집에서 살 수 있었다. 이웃이나 마을에 문제가 생기면 힘을 모아 해결했다. 사람만이 아니라 모든 생명이 함께 어울려 살아가는 것을 가장 중요하게 여겼다. 사람들은 서로 돕고 자연을 해치지 않는 지혜를 발휘하면서 살아왔다. 그러나 이 라다크에도 1975년부터 '근대화'와 '발전'의 물결이 빠르게 밀려들기 시작했다. 그때 라다크의 개발을 담당한 사람이 우선적으로 중점을 둔 것은 라다크 사람들이 욕망을 가지게 하는 것이었다. 그 때까지 라다크 사람들은 이익을 위해 즐거움과 여가를 희생하는 데 관심이 없었기 때문이다.

  개발 정책과 외국인 관광객, 광고, 영화의 영향은 눈 깜짝할 사

세계에서 빈곤을 없애는 30가지 방법

이에 퍼져 갔다. 사람들은 자신들이 아무것도 가지지 못했고 가난하다고 느끼게 되었다. '빈곤'은 이렇게 만들어졌다.

점점 돈이 필요해졌다. 옛날부터 전해 오는 전통과 관습은 학교 교육에서 무시되고 부정당했다. 서양 의학을 배운 의사들이 정부가 운영하는 병원에서 일하게 되었다. 노숙자가 생기고, 환경오염도 생겨났다. 젊은 사람과 나이 든 사람 사이에 점점 사고방식의 차이가 커지고, 사람들은 안정을 잃고 열등감과 비참함을 느끼는 일이 많아졌다.

마음속의 눈가림

사실 이것은 이미 세계 곳곳에서 일어났던 일이다. 서양에 의한 식민화와 노예제가 바로 그것이다. 그것은 잘사는 사람들이 더 많은 부를 가지기 위한 구조다. 1949년 1월 21일, 국제연합 회의에서 미국의 트루먼 대통령이 세계를 '발전된 나라'와 '발전되지 않은 나라'로 나누는 관점을 제시한 뒤, 유럽과 미국을 본보기 삼아 세계를 발전시킨다는 생각이 상식으로 자리를 잡게 되었다.

메이지 시대에 일본을 찾은 외국인은 일본의 느긋한 풍요와 아름다움에 경탄했다. 그러나 지금 우리는 무엇을 잃어버렸는지조차 모른다. 자신이 얼마나 지속 불가능한, 특수한 세계에 살아가고 있는지 깨닫지 못한다. '발전'과 '개발'의 과정에서 알지 못하는 사이에 주문에 걸리기라도 한 듯이 말이다. 지금 필요한 것은, 상식이라고 받아들여지는 것을 의심하고 진실을 투명하게 바라보는 일이다. 그럴 수 있다면, 그 '주문'을 풀 방법을 찾을 수 있을지도 모른다.

"문제는 빈곤이 아니라 사회의 불공정, 인간의 착취, 재력을 과시하기 위한 소비, 그리고 자연에 대한 약탈이다. 부유함이야말로 문제이며, 빈곤은 그 해결책인 것이다."(사티시 쿠마르Satish Kumar)

바람직한 개발은 어떤 것일까

'개발'된 일본을 포함한 서구 사회는 지속 불가능하며 사람들의 행복지수는 오히려 떨어지고 있다. 지속 불가능하고 행복하지 않은 사회를 만드는 것이 '개발'일까? 그렇다면 바람직한 개발이란 어떤 것이어야 할까?

• 주체적, 내재적 개발

"현대 일본의 개화는 경박하고 피상적인 개화다. (……) 사실 어쩔 수 없이 눈물을 머금고 피상적으로 가지 않으면 안 된다."고 나쓰메 소세키夏目漱石가 말한 것이 1911년이다. 이런 피상적인 개발을 끝내야만 한다. 피상적인 개발을 다른 나라에 강제하는 것도 다른 나라에 피해를 주는 일이다. 현지 주민들과 당사자가 주체가 되어 스스로의 뜻으로 이루어 가는 개발, 그곳에 없는 것에 대한 갈망을 키우며 밖에서 강제하는 개발이 아니라, 그곳에 이미 있는 것을 살려 나가는 개발이 필요하다. 외부인의 역할은 특히 '약자'라고 일컬어지는 사람들이 살아갈 힘을 되찾고 강해질 수 있도록 돕

풍요로운 전통 문화를 이어받은 사람들.

는 데 있다. 진정한 풍요와 행복이란 무엇인지를 함께 찾아가는 동안, 지원하는 쪽도 자연히 변해 갈 것이다.

• 미래지향적, 온고지신적 개발

어느 정도 공통된 미래상이나 원칙은 있을 수 있겠지만, 북반구 사람도 남반구 사람도 자신의 미래는 자신 스스로 그려 가야 한다. 정해진 답은 없다. 그러기 위해서는 남반구 사람들이 환상에서 자유로울 수 있게 하는 지원도 필요하다. 경제적으로 풍요롭다는 북반구 나라들에서 무슨 일이 일어나는지를, 우리는 스스로의 마음에서 우러나는 말로 그들에게 전할 책임이 있다. 미래를 새롭게 그려 갈 때 중요한 것이 지금까지 선조 대대로 이어져 온 것을 다시 한 번 생각해 보는 노력이다. 고작 백 수십 년 만에 우리는 많은 것을 잃어버리고 말았다. 그러나 지금까지 몇 천 년, 몇 만 년을 이어 온 지역의 역사를 생각해 보면, 우리가 잃어버린 것을 떠올리고 그것을 미래에 되살릴 수 있을 것이다.

이와 같은 이상을 실현하기 위한 길은 쉽지 않을 것이다. 미래

를 향해 세상을 바꾸어 가는 힘이 필요하다. 우리에게는 시작할 책임이 있지만, 많은 시간이 걸리는 그 일을 맡아서 할 이들은 젊은 이들과 아이들일 것이다. 그들 스스로 미래를 만들 수 있도록 하는 지원 역시 생각해야 한다.

- 지역공동체를 건강하게 하는 개발

필요한 것은 내적인 감수성이며 선인들의 지혜지만, 또 하나 중요한 것이 지역공동체. 경제의 지구화가 사람들에게 불행을 안겨 주고 회복하기 힘들 정도로 자연을 파괴하고 있다. 그것을 넘어서는 길은 지역화 localization 에 있다.

지역화란 생활과 생산을 가능한 한 지역 안에서 해결하는 것이며, 가까운 지역과 그 공동체에 대한 이해와 연대를 강화하는 것이다. 환경적, 문화적 특질을 지닌 지역에 속해 있다고 느끼는 것이다. 또한 지역화는 경제와 관련된 것이기도 하다. 생산자와 소비자 사이의 거리를 좁힌 작은 경제 구조를 만들어 냄으로써 경제와 사

세계에서 빈곤을 없애는 30가지 방법

회의 자율성을 되찾고 사람들의 마음속에 자비와 지혜를 일깨우는 것이다.

전통과 사람들의 지혜를 살린 '오래된 미래'의 현실은 라다크만의 문제가 아닌, 일본을 포함한 전 세계의 과제라 할 수 있다. 과거로 돌아가는 것이 아니다. 과거와 다시 관계 맺는 일이 필요한 것이다. 미래를 잃어버리지 않도록, 미래와 다시 관계 맺는 일이 필요한 것이다.

가마타 요지

30

우리가 발 디딘 곳에서
시작하기

숲에 둘러싸여 있으면 자유롭다

보르네오 섬의 원주민 마을을 찾았을 때, 우연히 그들이 사냥하러 가는 장면을 보게 되었다. 그들은 한껏 들떠서 밝게 웃고 떠들었다. 사냥개들도 주인들의 기분을 느꼈는지 더없이 활기차 보였다. 내가 어렴풋이 상상하던 사냥은 차가운 물을 뒤집어쓰기도 하면서 숲의 여러 신들에게 기원하거나 하는 엄숙한 분위기였지만, 실제는 완전히 달랐다. 우리 사회의 말로 하자면 '놀이'에 가까운 느낌이었다. 마치 보물찾기를 나서는 듯한 즐거움이 전해져 왔다.

며칠 뒤 그들이 사냥에서 돌아와 잡은 동물들을 자랑스럽게 보여 주었다. 그들은 커다란 사슴과 원숭이를 잡아 짊어지고 먼 산길을 돌아 왔다고 했다. 사냥에 참가하지 않은 남자들도 시샘하는 일 없이 함께 기뻐하며 잡아 온 것을 모두가 나누어 먹었다.

가난하다고 알려진 그 마을은 숲에 둘러싸여 있어 먹을 것이 전혀 부족하지 않다. 나무에는 망고 같은 과일이 많이 열려 있고, 먹지 않는 것은 나무에 매달린 채 그대로 썩어 간다. 필요한 때에 따서 먹을 뿐, 그 밖에는 굳이 수확하지 않는 것이다. 내다 파는 것은 인기 있는 두리안 같은 과일과 한방약으로 쓰이는 동물뿐이다.

나는 아이누 족인 가야노 시게루萱野茂 씨가 들려준 연어 이야기를 떠올렸다. 연어는 알을 낳으면 곧 죽어서 강을 떠내려온다. 아이누 족은 그 연어를 건져 화로 위에 둔다. 화로 위에서 연기에 그은 연어는 100년이 지나도 먹을 수 있는 보존식품이 된다. 흔히들 미개한 시대의 사람들은 굶주림에 시달렸고 그 때문에 이주를 하거나 문명화한다고 한다. 그러나 그것이 정말 사실일까.

내가 본 한에서, 이른바 '미개'한 사람들의 생활은 충분히 풍족하며, 숲이나 강이 파괴되지 않는 한 굶주림은 생각할 수 없다. 숲에는 언제나 그들이 필요로 하는 것이 있고, 바다와 강은 그들이 찾는 것을 준다. 친구인 어부는 "바다는 우리에겐 은행이지. 바다에 가기만 하면 무엇이든 얻을 수 있으니 말이야." 하고 이야기한다.

그렇게 생각하면, 1년에 3만 명 넘게 자살하는 우리 사회의 가난함은 대체 왜일까 하고 생각하게 된다. 남태평양에 이런 이야기가 있다. 선진국의 사람들이 아등바등 일하는 것을 보고 남태평양의 주민이 물었다. "무엇 때문에 그렇게 아등바등 일하죠?" 그러자 선진국 사람은 "돈을 벌기 위해서죠."라고 대답했다. 남태평양의 주민은 "그렇게 돈을 벌어서 어디에 쓰나요?" 하고 물었다. 선

사라와 주민들. 그들은 잡아 온 사
냥감을 자랑스럽게 보여 주었다.

진국 사람은 "돈을 많이 벌어서, 그 돈으로 매일 바다에 와서 느긋
하게 지내려고요." 하고 대답했다. 남태평양 주민은 이상하다는
듯이 다시 물었다. "우리는 돈을 벌지 않지만 매일 바다에 와서 느
긋하게 지내요. 당신도 와서 당장 이렇게 살면 되잖아요?"

돈이 우리를 노예로 만든다

보르네오 섬의 원주민은 기름야자 플랜테이션 때문에 숲이 파
괴되어 가난해지고 말았다. 더는 숲에서 먹을거리를 구하지 못하
고 시장에서 사기 위해 돈을 벌어야만 했기 때문이다. 여기에서 통
계의 수수께끼가 나타난다. 사람들은 가난해졌는데도 국민총생산
은 늘어났다. 먹기 위해 일하면 그것이 국민총생산으로 계산되기
때문에, 자연에서 채집한 산물로 살아갈 때는 0이었던 국민총생산
이 먹을 것을 돈으로 사게 되면 늘어나는 것이다. 생계가 자급적으
로 이루어질수록 생활은 안정되지만 국민총생산은 줄어든다. 반
대로 생활이 불안정할수록 국민총생산이 늘어나는 것이다. 그러
나 원조의 기준은 '1인당 국민총생산이 적은 나라'에 '국민총생산

을 높이기 위해' 주는 것이다. 그러니 땅과 이어져 있던 삶은 뿌리가 뽑히게 되고, 빈곤으로 내몰린 사람들은 일하지 않을 수 없다. 이것은 원조가 아니라 '덫'이다.

우리도 어렴풋하게 깨닫고 있다. 돈이 우리를 노예로 만든다는 것을 말이다. 우리는 돈을 벌기 위해 자신의 생각을 감추고 개성을 지우고, 시키는 대로 움직이도록 스스로를 훈련하고 있지 않은가.

필리핀의 모내기 노래를 들은 적이 있다. 굉장한 빠르기로 진행되는 율동적인 노래였다. 그 노래는 모내기 때밖에 부를 수 없다. 모내기를 하지 않으면 그 음악을 즐길 수가 없는 것이다. 그들의 생활을 보고 있으면 어디까지가 일이고 어디까지가 놀이인지 분간이 가지 않는다. 일과 놀이가 서로 섞이고 녹아 있다. 그렇게 일하기 때문에 피로감도 거의 없다. 피곤하다는 것은 누군가가 시켜서 한다고 생각할 때의 느낌이기 때문이다.

지역 안에서 풍족하게 살아가는 세계

개발도상국 사람들은 '도상途上'이라는 잘못된 말 때문에 자신들이 뒤처져 있다고 느끼면서 선진국 사람들처럼 살기를 꿈꾼다. 그리고 그들은 피라미드 회사와 같은 구조를 가진 사회의 끄트머리로서 부려지는 것이다. 이익은 피라미드 회사의 간부인 선진국이 빼앗아 간다. 그들에게 필요한 것은 무엇일까. 의식주일까, 에너지일까.

선진국 사회는 지금 심각한 환경문제 때문에 에너지를 화석연

이바라키 현 오오아라이 해안에 세운 풍차.

료에서 자연 에너지로 서둘러 바꾸고 있다. 자연 에너지를 이용한다면 오히려 필요 이상의 화석연료나 원자력발전소가 지어져 있지 않은 개발도상국이 우위에 설 수 있다. 게다가 자연 에너지는 적은 노력으로도 에너지를 생산할 수 있다. 후발 주자가 이익을 얻는 것이 가능한 영역인 것이다.

나는 이렇게 지역에 있는 자원을 이용해 지역 안에서 사람들이 풍족하게 살아가는 세계를 꿈꾼다. 물론 꼭 필요한 첨단 기기도 있고, 그것을 위해서 돈을 벌어야 할 필요도 있을 것이다. 그러나 생활의 바탕이 되는 의식주는 지역 안에서 생산되어 사람들의 관계 속에서 공유되는 것이 좋다.

자산과 빚의 차이를 생각해 보자. 자산은 가지고 있는 것만으로 이익을 가져다 주는 것이며, 빚은 가지고 있으면 재산을 잃는 것이다. 자산이라고 생각하기 쉬운 자동차나 요트, 임대 아파트는 실은 빚인 것이다. 반대로 지역 안에서의 관계는, 예를 들어 농가의 도움으로 야채를 얻는다면 그 관계 자체가 자산인 것이다. NPO 활동도 자산이 된다. 자산을 늘리고 빚을 줄이면 여유가 생긴다. 그

여유를 어떻게 사용하느냐가 우리 생활의 의미가 되는 것이 아닐까. 음악을 좋아한다면 음악을 해도 좋고, 사회 활동에 참가하는 것도 좋을 것이다.

그렇게 해서 우리가 생활을 즐길 수 있게 되었을 때, 그때야 우리는 개발도상국의 빈곤에 의해 떠받쳐지고 있는 지금의 생활에서 빠져나올 수 있을 것이다. 우리 생활의 이면을 이루는 빈곤의 존재는 우리가 가해자라는 사실을 알려 준다. 가해자가 되지 않는 길은 피해자가 되는 것도, 피해자인 척하는 것도 아니다. 우리의 생활을 지역화하고 생활의 많은 부분을 지역 속에서 해결하는 것이다. 자립적인 생활은 남의 지시 때문이 아닌 자기 스스로 하는 것이기 때문에 즐거운 일이다. 고통으로 얼굴을 찌푸리며 살아갈 것이 아니라, 즐기면서 자신이 발 디딘 곳을 단단하게 다짐으로써 지금의 상황에서 벗어나야 한다. 그것이 빈곤으로 고통받는 사람들을 구하는 일이 된다면, 살아가는 일 자체가 즐거워질 것이다. 무엇보다 운동은 즐거워야 하는 것이니 말이다.

다나카 유

Column 5

인터넷에서 정보를 모아
이메일을 돌리자

타니스(57쪽 참조)는 부건빌 섬의 산속에서 학교도 다니지 않고 자랐다. 물론 영어도 하지 못한다. 하지만 섬 사람들끼리 서로 죽이는 것이 이상하다는 생각을 하고부터 영어를 공부하기 시작했다. 얼마 되지 않아 영어로 말할 수 있게 되고, 쓸 수 있게 되고, 이메일을 보낼 수 있게 되었다. 타니스가 사는 마을에서 인터넷을 쓸 수 있는 마을까지는 걸어서 3시간이 걸린다. 타니스의 마을에는 전기도 들어오지 않는다. 타니스는 한 달에 몇 번 마을로 내려가 인터넷에 접속해 전 세계 NGO 사람들과 연락을 주고받기 시작했다. 부건빌 섬에서 무슨 일이 일어나고 있는지 많은 사람들이 알게 된 것은 타니스의 이런 노력 덕분이었다. 내가 타니스를 만난 것도 이메일을 통해서였다.

우리도 부건빌 섬의 금과 은, 구리를 가로채거나 환경을 파괴하려는 이들이 있다면 인터넷으로 조용히 항의의 뜻을 전하자. 우리가 지켜보고 있다, 세계에 이 사실을 알리겠다, 국제연합에서 문제를 제기하겠다, 라고 말이다. 그것만으로도 사태는 바뀔 수 있다. 물론 인터넷에서 소통할 수 있을 만큼의 영어 실력은 필요하다. 하지만 그 영어는 학교에서 배우는 것과는 다르다. 중요한 것은 의사소통이므로 조금은 틀려도 상관없다. 자신의 이익을 위해 남의 것을 가로채거나 남을 괴롭히는 사람이 있을 때 '그래서는 안 된다.'고 생각하는 분별력이 더 중요하다.

이 책에서 이야기된 것과 같은 일들이 세계에는 아직도 많이 일어나고 있다. 우리도 모두 알리고 싶지만, 알려야 할 일이 너무 많아서 쫓아가지 못할 정도다. 알리지 않는 사람이 잘못이라고 남을 탓하지 말고, 스스로 정보를 모아 보자. 대부분의 정보가 인터넷에 공개되어 있다. 그 정보가 사실인지 아닌지 친구들과 함께 생각해 보자. 전 세계의 사람들은 모두가 '친구의 친구의 친구의 친구'다. 사실인지 아닌지 모르겠다면 책을 읽고 인터넷을 찾고 친구들과 이야기를 나누어 보자.

세계가 빈곤과 폭력에서 벗어나 '기본 인권이 지켜지는 세계'로 나아갈 수 있도록, 정보를 모으고 퍼뜨리는 당신의 능력을 인터넷에서 보기를 기대한다.

_마에키타미야코

나가는 글

'빈곤을 없애는 방법'이라고 하면 많은 사람이 가난한 사람들의 생활을 개선하는 방법을 생각할 것이다. 하지만 그들이 바꿀 수 있는 것은 얼마 되지 않는다.

내버려둘수없는세계의빈곤 운동 초기에 영국에서 이런 이야기가 있었다. 몇 년 전, 밥 겔도프라는 유명한 가수가 빈곤 퇴치를 위한 공연인 라이브에이드Live Aid를 열어 가난한 나라들에 거액의 기부금을 보냈다. 그는 그것으로 상황이 많이 좋아졌을 것이라고 생각했다. 그런데 그가 보낸 280억 엔(약 2,240억 원)의 기부금은 가난한 나라가 갚아야 하는 빚의 단 며칠분에 지나지 않았다. 누군가 그 사실을 그에게 이야기했다. 그는 분개하며 말했다. "이런 구조에서는 아무리 해도 안 돼! 구조를 바꿔야 해!"

빈곤은 부유한 나라가 만든 세계 구조의 문제다. 그러므로 현실의 '빈곤'에 대해 알리는 것 이상으로 '빈곤을 낳는 구조'를 깨닫게 하는 것이 중요하다. 그러나 그것만으로는 빈곤의 문제를 자신과 가까운 것으로 느낄 수 없다. 그래서 우리가 매일 먹고 쓰는 것들을 통해, 생활과의 연관 속에서 그 문제를 느낄 수 있게 하고 싶었다. 그래서 여러 가지 구체적인 이야기를 실마리 삼아 그 배후에 있는 구조를 깨닫고, 그것을 다시 자신의 생활 속에서 바꾸어 가는 방법을 이야기하고 싶었다. 그런 취지에 동감한 글쓴이들도 지금까지 상식으로 여긴 이야기를 무비판적으로 받아들이지 않고 진짜 경험에 바탕을 둔 이야기들을 자신의 말로 써 주었다.

원인에 대한 대책을 세우지 않으면 어떤 문제도 해결할 수 없다. 이 책이 그 새로운 방법을 낳는 하나의 실마리가 되었으면 한다.

엮은이를 대표해서

다나카 유

빈곤을 없애는 방법을 생각하는 책

먼저 알자!

- 다나카 유田中優,《岩波ブックレット戰爭って, 環境問題と關係ないと思ってた》,岩波書店

- 가마타 미노루鎌田實·사토 마키佐藤紀,《岩波ブックレット子どもたちの命―チェルノブイリからイラクへ》,岩波書店

- 지뢰폐절일본캠페인地雷廢絶日本キャンペーン,《岩波ブックレット地雷と人間》,岩波書店

- NPO 법인 개발과미래공방NPO法人開發と未來工房,《ブックレット食と農から暮らしを變える, 社會を變える : 行動のためのヒント集》

- 이케다 가요코池田香代子,《世界がもし100人の村だったら 1~4集》, マガジンハウス(《세계가 만일 100명의 마을이라면》, 국일미디어)

- 일본국제기아대책기구日本國際飢餓對策機構,《まんがで學ふ開發教育 世界と地球の困った現實―飢餓·貧困·環境破壞》,明石書店

- 장 지글러Jean Ziegler,《La faim dans le monde expliquée à mon fils》, Seuil(《왜 세계의 절반은 굶주리는가?》, 갈라파고스, 2007)

- 내버려둘수없는세계의빈곤 사무국ほっとけない世界のまずしさ事務局,《ほっとけない世界のまずしさ》, 扶桑社

- 오니마루 마사야鬼丸昌也·오가와 신고小川吳,《ぼくは13歳, 職業兵士》, 合同出版

- 이와사키 스케岩崎駿介 엮음,《地球人として生きる―市民による海外協力》, 岩波ジュニア新書

- 일본인도네시아NGO네트워크日本インドネシアNGOネットワーク 발행,《アブラヤシプランテーション開發の影》

- 조치대학 세계식량의날그룹 펫푸드 반上智大學世界食糧デーグループ・ペットフード班,《アジアを食べる日本のネコ》, 梨の木舍

- 교토자유학교조사연구입문강좌京都自由學校調査研究入門講座 엮음,《あるいてみてきいたモノのこし方・行く末》

조사해 보자!

- 다나카 유田中優·고바야시 이치로小林一朗·가와사키 아키라川崎哲 엮음, 《戰争をしなくてすむ世界をつくる30の方法》, 合同出版

- 다나카 유田中優,《戰争をやめさせ環境破壊をくいとめる新しい社會のつくり方―エコとピースオルタナティブ》, 合同出版

- 수전 조지Susan George,《How the other half dies: the real reasons for world hunger》, Allanheld Osmun

- 무라이 요시노리村井吉敬 엮음,《徹底檢證 ニッポンのODA》, コモンズ

- 노리나 허츠Noreena Hertz,《The Silent Takeover : Global Capitalism and the Death of Democracy》, Collins(《소리없는 정복―글로벌 자본주의와 국가의 죽음》, 푸른숲, 2003)

- 어디에서어디로연구회どこからどこへ研究會,《地球買いモノ白書》, コモンズ

- 카리스 그레서Charis Gresser·소피아 티켈Sophia Tickell,《Mugged: Poverty in Your Coffee Cup》, Oxfam

- 모드 발로Maude Barlow·토니 클라크Tony Clarke,《Blue Gold: The Fight

to Stop the Corporate Theft of the World's Water》, New Press(《블루 골드―지구의 물을 약탈하는 기업들과의 싸움》, 개마고원, 2002)

더 깊이 생각해 보자!

• 《GENJINブックレット 非核と先住民族の獨立をめざして 太平洋の女性たちの證言》, 現代人文社

• 다미앵 미예Damien Millet · 에릭 투생Eric Toussaint, 《WHO OWES WHO? : 50 Questions about World Debt》, Zed Books(《신용불량국가―국제금융기구와 외채에 관한 진실, 세계 밖의 세계》, 창비, 2006)

• 기타자와 요코北洋子 · 무라이 요시노리村井吉敬, 《顔のない國際機關―IMF · 世界銀行》, 學陽書房

• 아룬다티 로이Arundhati Roy, 《帝國を壞すために》, 岩波新書

• 데이비드 워너David Werner · 데이비드 샌더스David Sanders, 《Questioning The Solution: The Politics of Primary Health Care and Child Survival》, Healthwrights

• 장 피에르 보리스Jean Pierre Boris, 《Commerce inéquitable : Le roman noir des matières premières》, Hachette

• 클라우스 베르너Klaus Werner · 한스 바이스Hans Weiss, 《Schwarzbuch Markenfirmen》, Deuticke Verlag

• 야스유키 구보久保康之, 《ODAで沈んだ村―インドネシア · ダムに翻弄される人びと》, コモンズ

• 사에키 나쓰코佐伯奈津子, 《アチェの聲》, コモンズ

글쓴이 소개

가마타 요지鎌田陽司
NPO법인 '개발과미래공방' 대표이사
http://adf.jp

고하라 미유키小原美由紀
평화 단체 '밀짚모자'

구즈하 무쓰미葛葉むつみ
커뮤니티트레이드 단체 'al' 대표
http://www.h4.dion.ne.jp/~ftc

모리시타 마이코森下麻衣子
국제 교류 NGO '피스보트' 지구대학 직원
http://www.peaceboat.org/english

사에키 나쓰코佐伯奈津子
'인도네시아민주화지원네크워크NINDJA' 사무국장
http://www.nindja.com

사토 유미佐藤由美
작가

시미즈 도시히로清水俊弘
'일본국제자원봉사센터' 사무국장
http://www.ngo-jvc.net

스즈키 가즈에鈴木かずえ

NPO '내버려둘수없는세계의빈곤' 사무국

http://www.hottokenai.jp/

쓰루타 마사히데鶴田雅英

원폭의 그림, 마루키 미술관 이사

tu-ta@mub.biglobe.ne.jp

오노데라 아이小野寺愛

국제 교류 NGO '피스보트' 공동 대표

http://www.peaceboat.org/

오쿠라 준코小倉純子

'책임과빈곤을생각하는주빌리' 규슈 운영위원

http://jubilee.npgo.jp/

우에무라 다케히코上村雄彦

치바대학 대학원 공공연구센터 COE 연구원

http://www.shd.chiba-u.ac.jp/~coe21/

uemura@faculty.chiba-u.jp

하라 이쿠오原郁雄

나가노 현립 아카호히가시 초등학교 교사

세계에서 빈곤을 없애는 30가지 방법

1판 1쇄 펴냄 2007년 7월 10일
2판 1쇄 펴냄 2016년 5월 2일
2판 6쇄 펴냄 2024년 4월 19일

지은이 다나카 유, 가시다 히데키, 마에키타미야코
옮긴이 이상술
펴낸이 안지미

펴낸곳 (주)알마
출판등록 2006년 6월 22일 제2013-000266호
주소 04056 서울시 마포구 신촌로4길 5-13, 3층
전화 02.324.3800 판매 02.324.7863 편집
전송 02.324.1144

전자우편 alma@almabook.by-works.com
페이스북 /almabooks
트위터 @alma_books
인스타그램 @alma_books

ISBN 979-11-5992-003-5 03300

알마출판사는 다양한 장르간 협업을 통해 실험적이고 아름다운 책을 펴냅니다.
삶과 세계의 통로, 책book으로 구석구석nook을 잇겠습니다.